Stadt
Kirche
Kunst
Wissen-
schaft

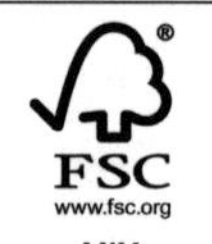
FSC
www.fsc.org
MIX
Papier aus ver-
antwortungsvollen
Quellen
Paper from
responsible sources
FSC® C105338

Hg. von Niklas Gliesmann
und Barbara Welzel

Begegnungen mit dem „Goldenen Wunder"

Julius Reinders vor Ort

Julius Reinders
Das „Goldene Wunder"

Acrylfarbe, Farbstift
und Graphit auf Papier,
29,7 × 42 cm, 2021

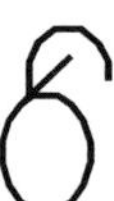

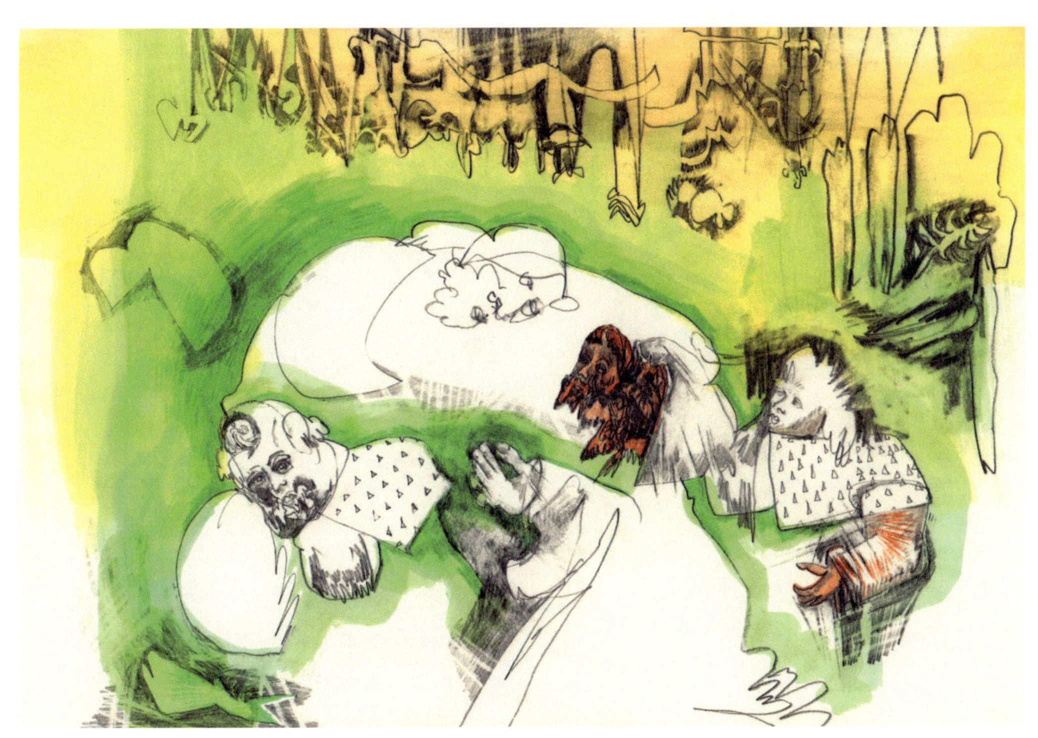

Gebet am Ölberg

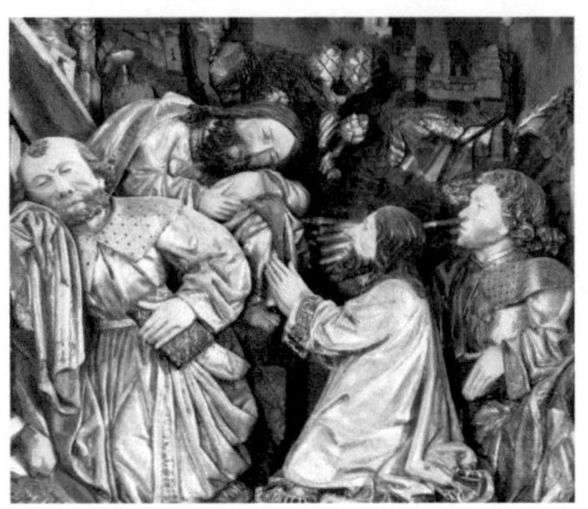

Das „Goldene Wunder"

in der Stadtkirche St. Petri, Dortmund

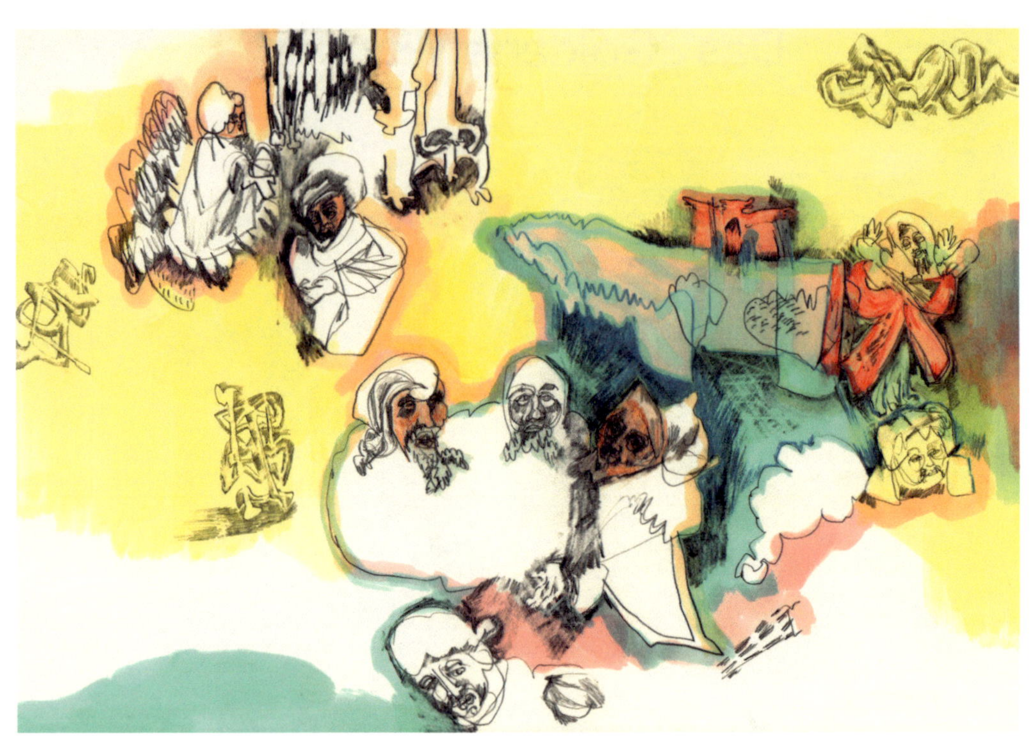

Gefangennahme

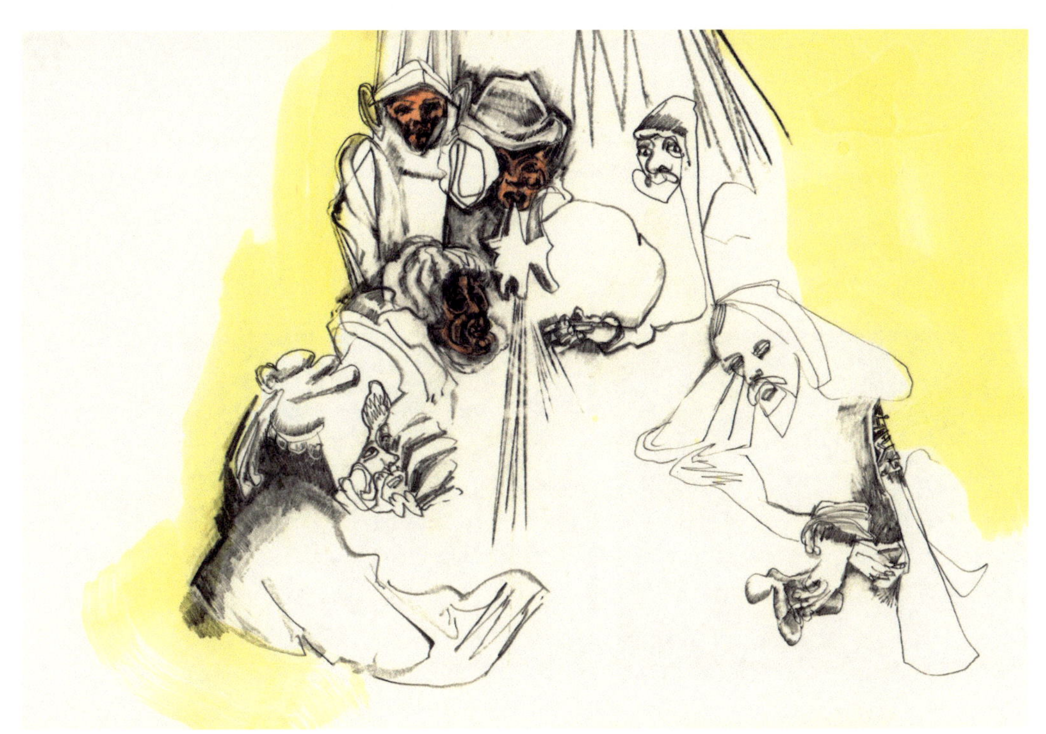

Christus vor dem Hohepriester

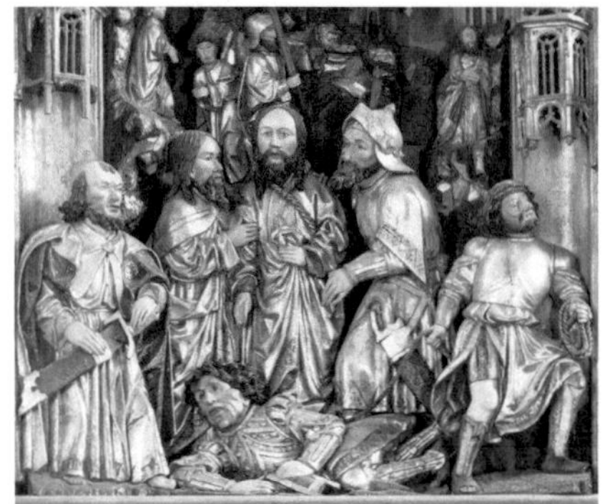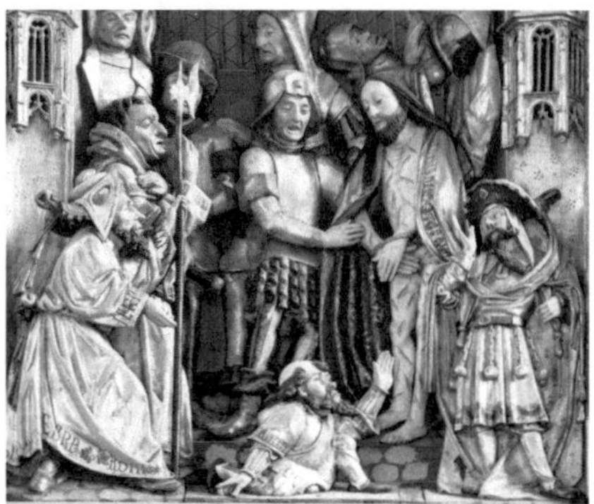

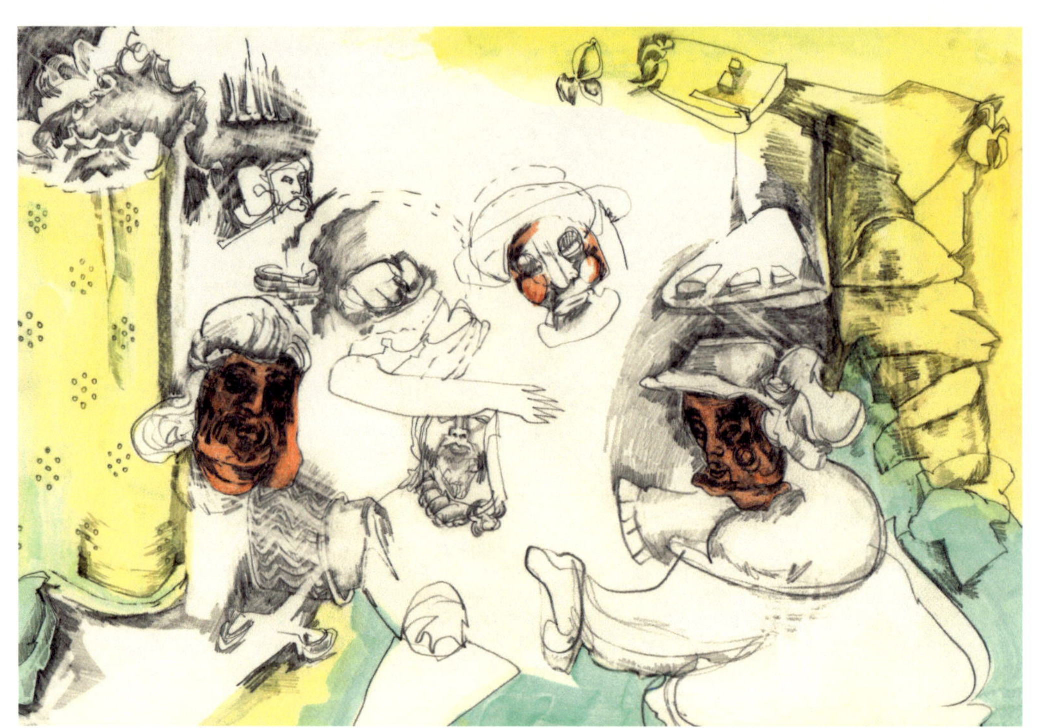

Verspottung

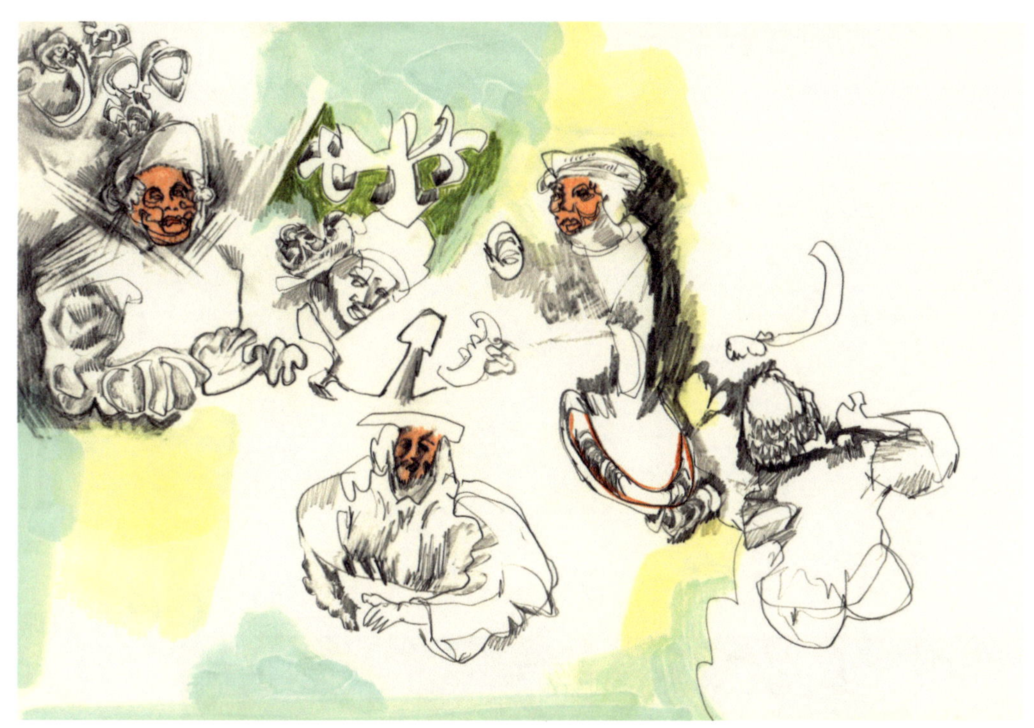

Dornenkrönung

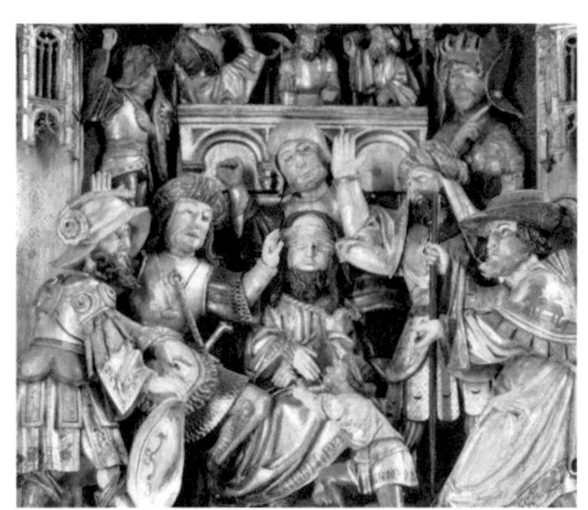 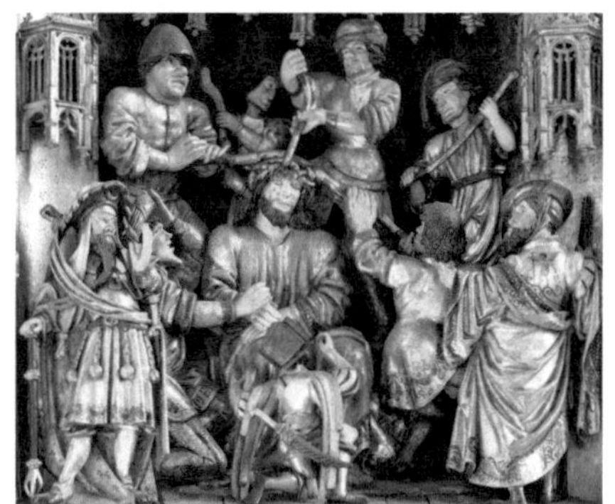

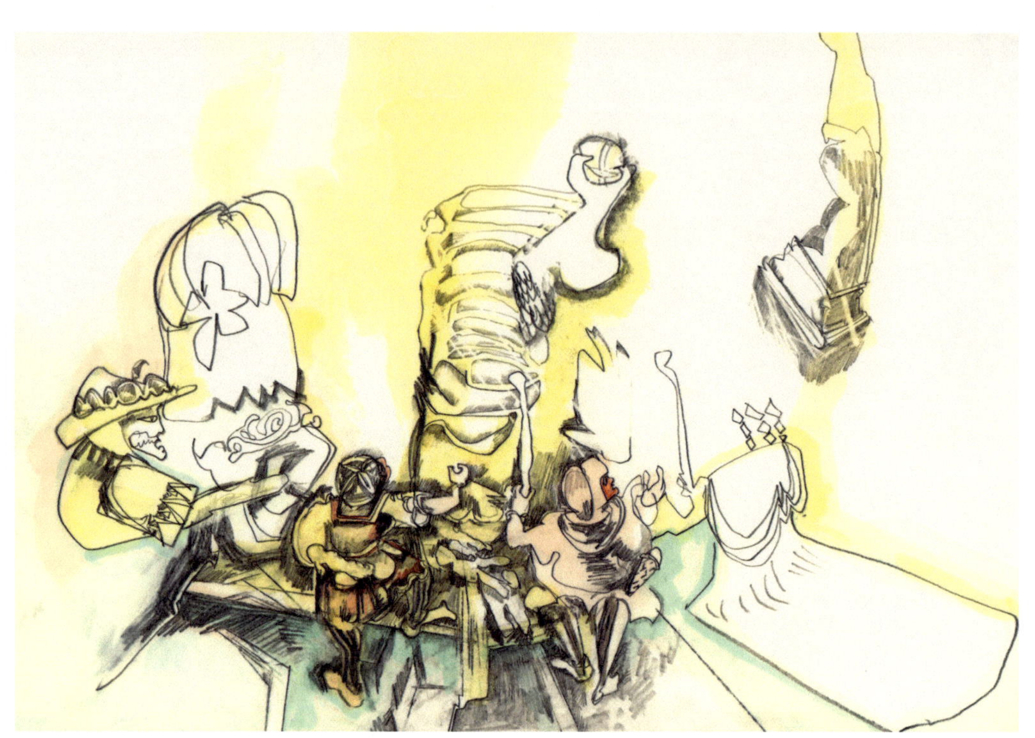

Ecce Homo

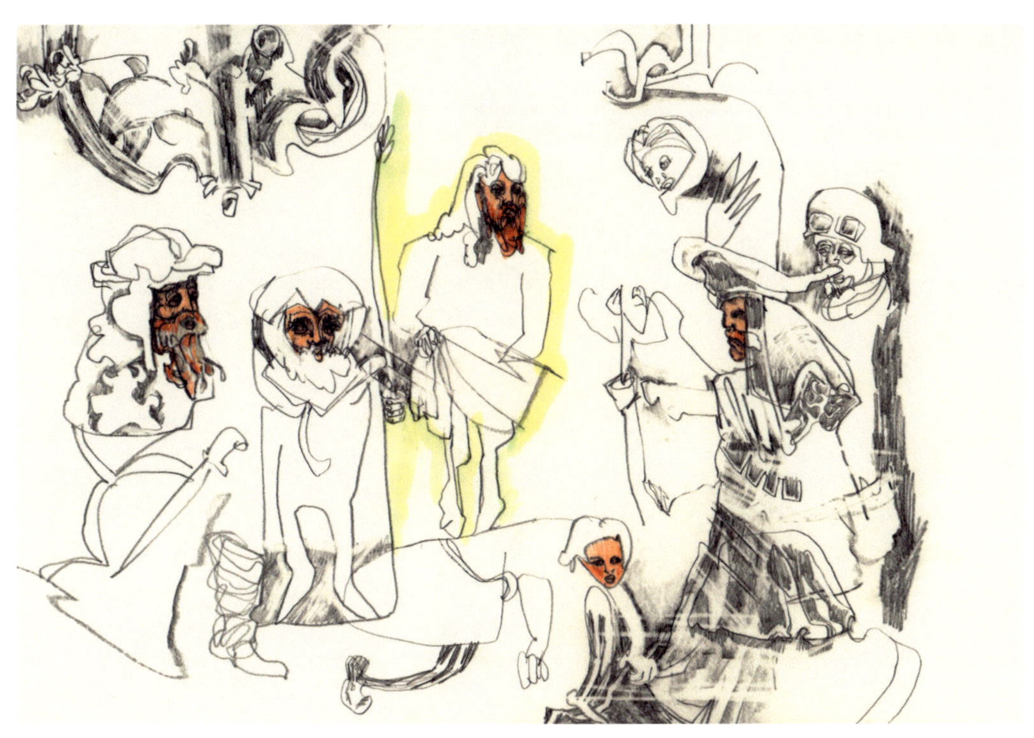

Geißelung

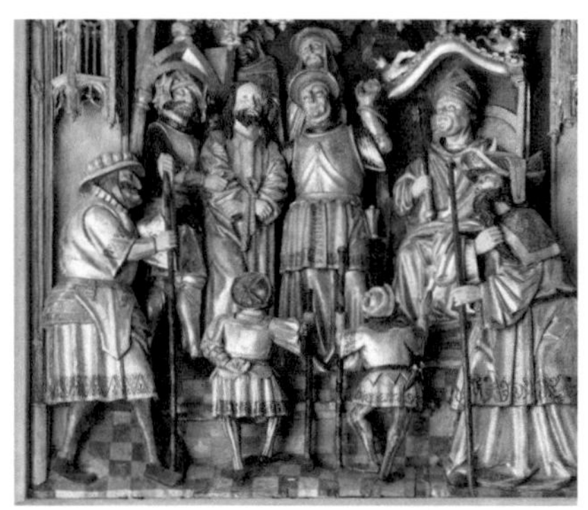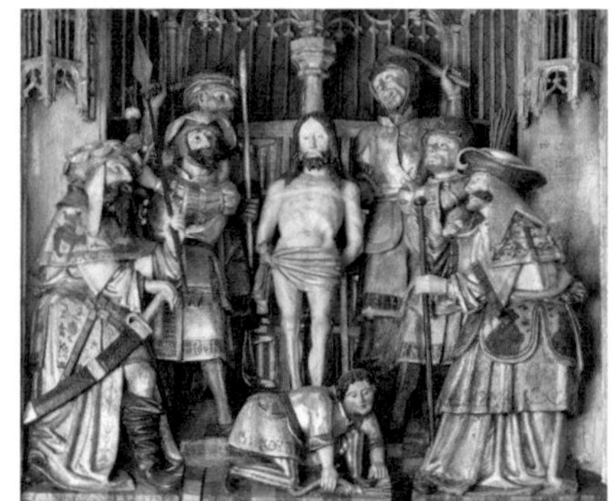

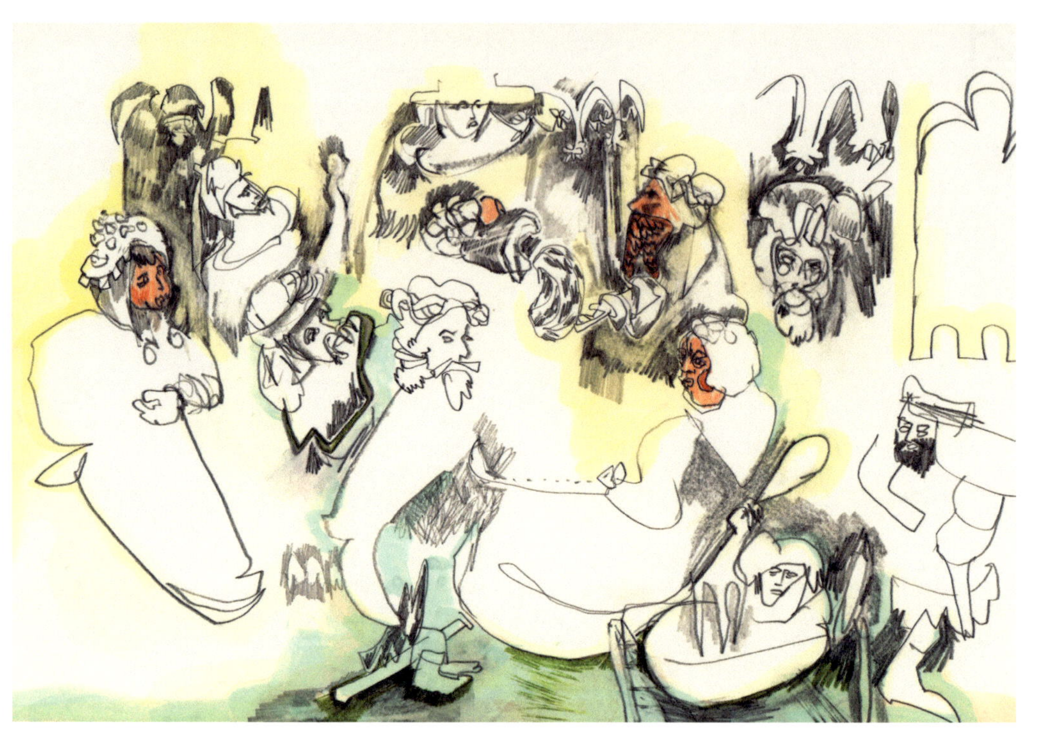

Christus vor Pilatus

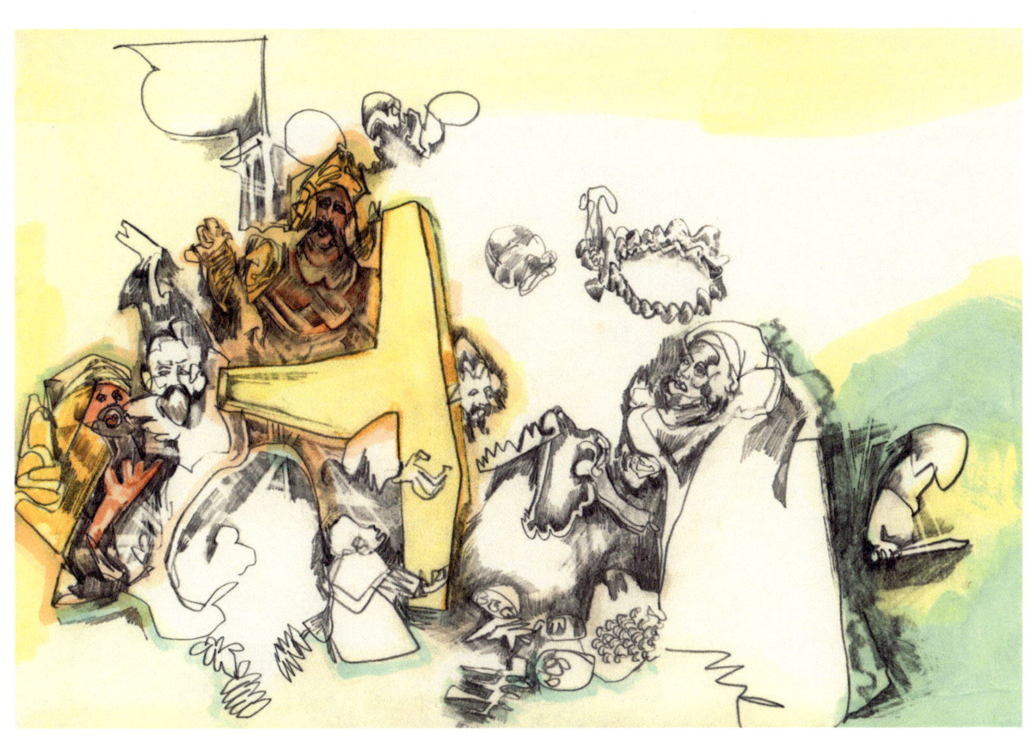

Kreuztragung

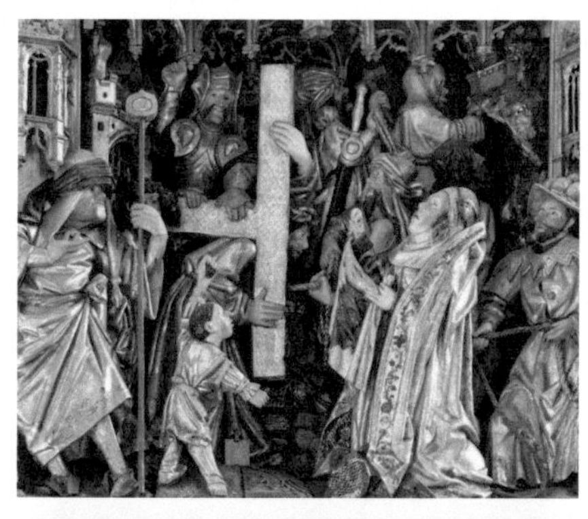

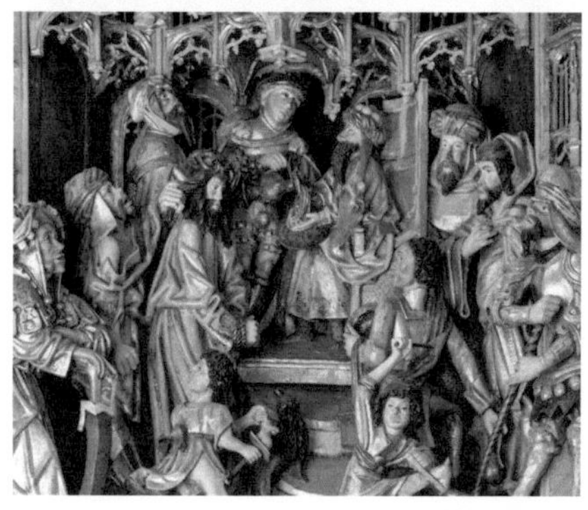

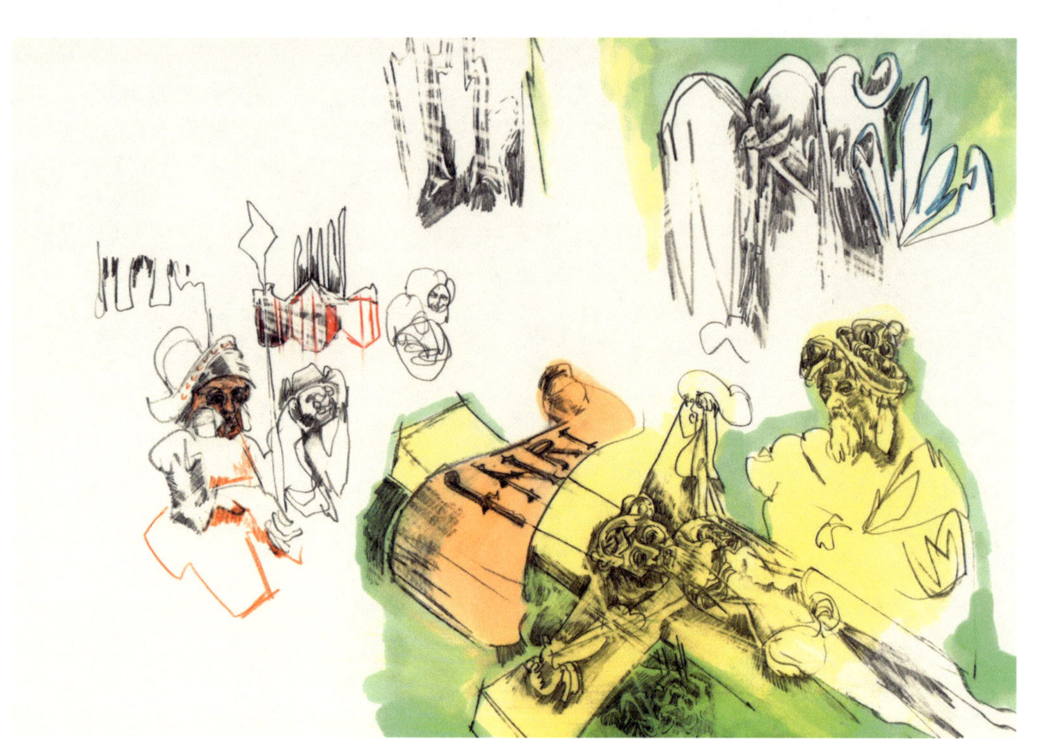

Kreuzannagelung

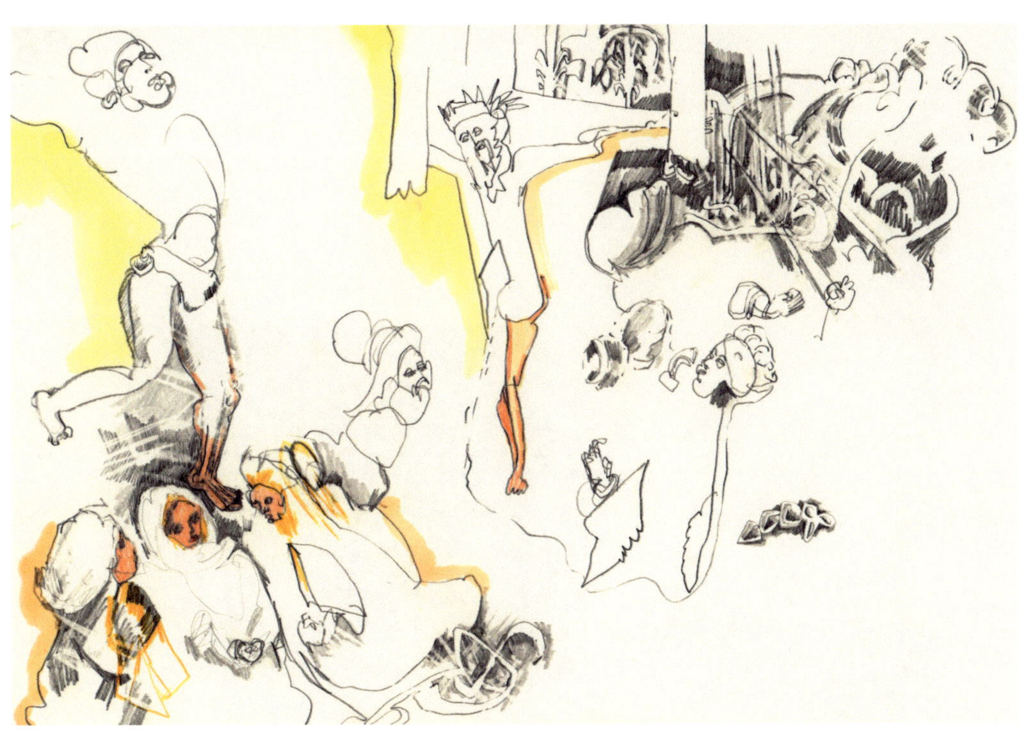

Kreuzigung

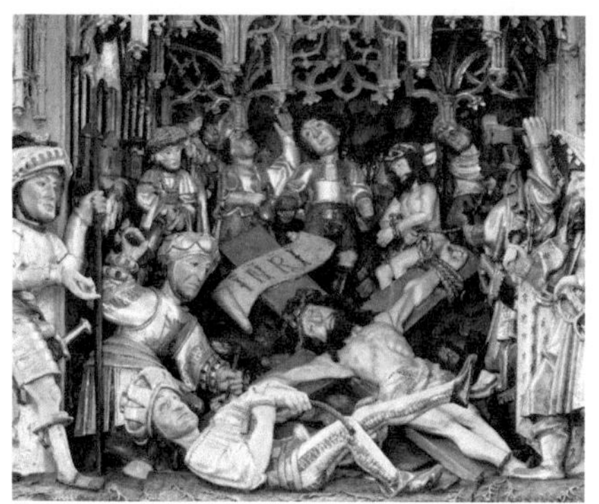

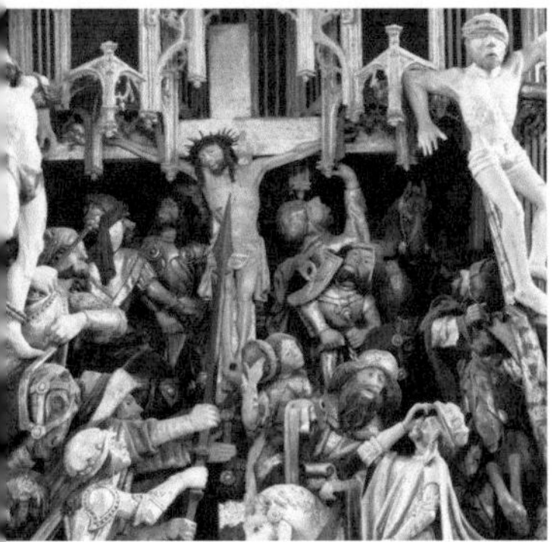

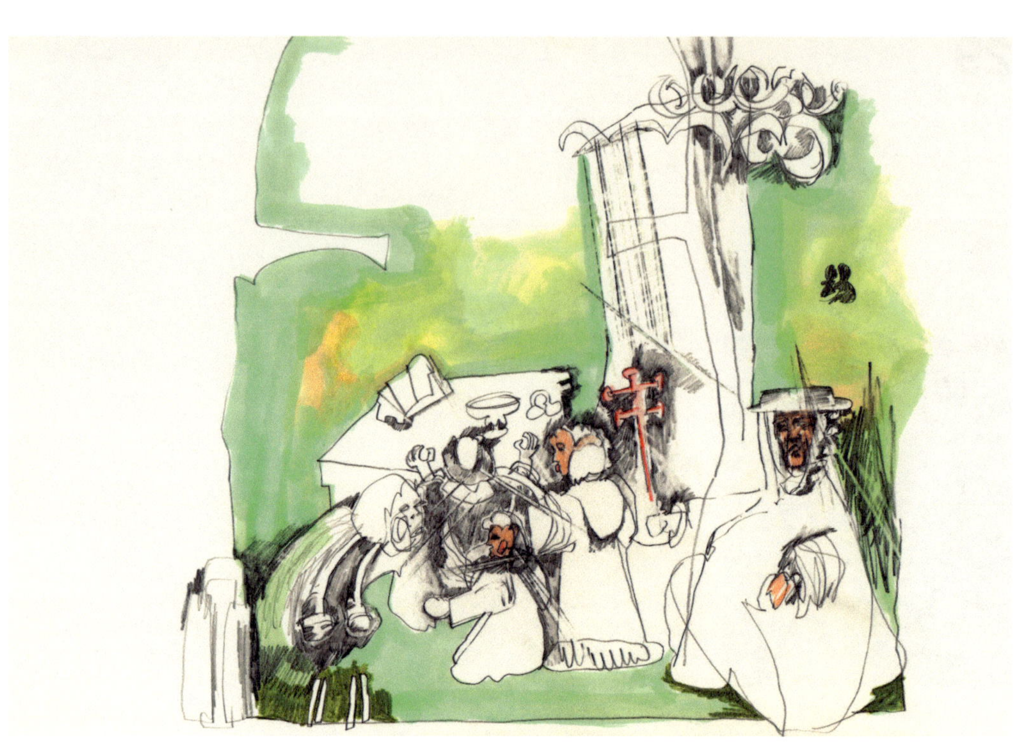

Gregorsmesse

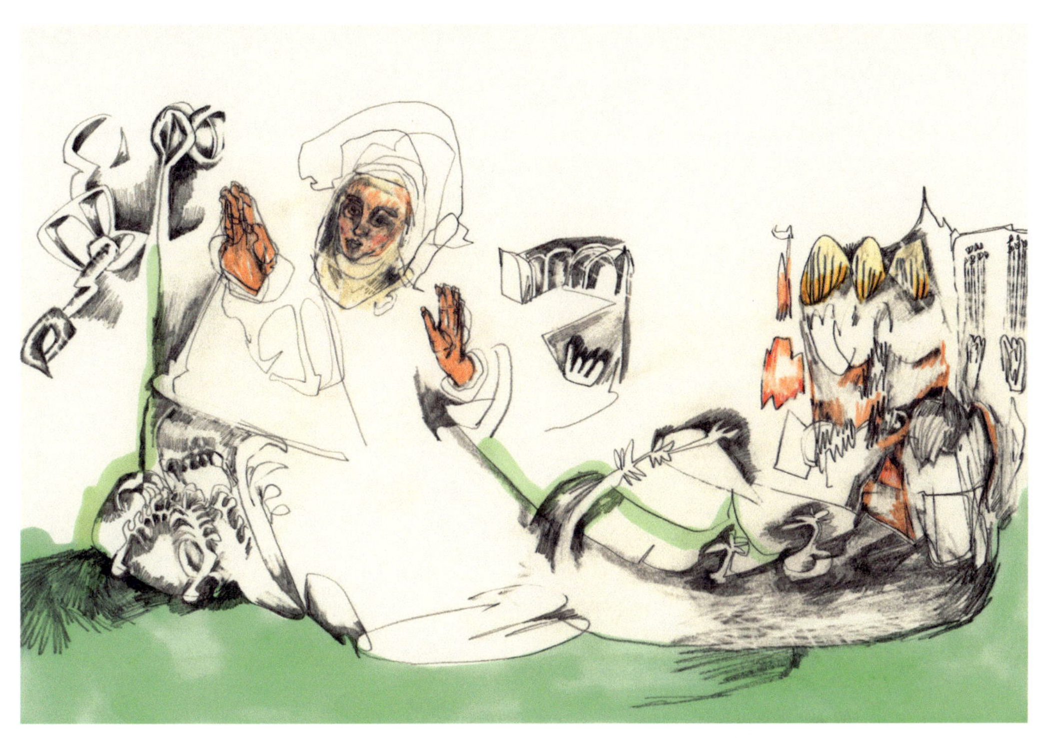

Mater Dolorosa

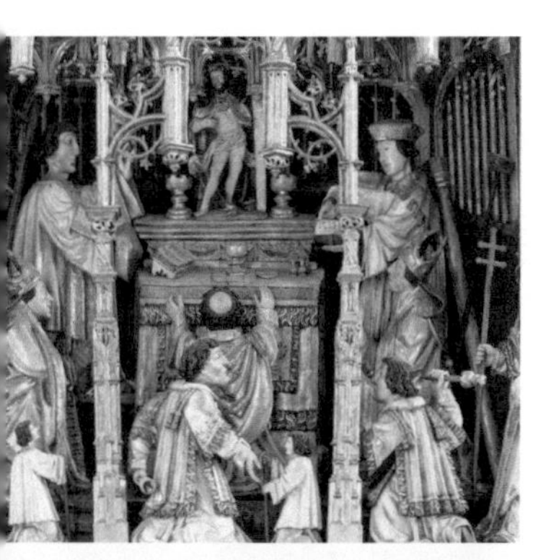

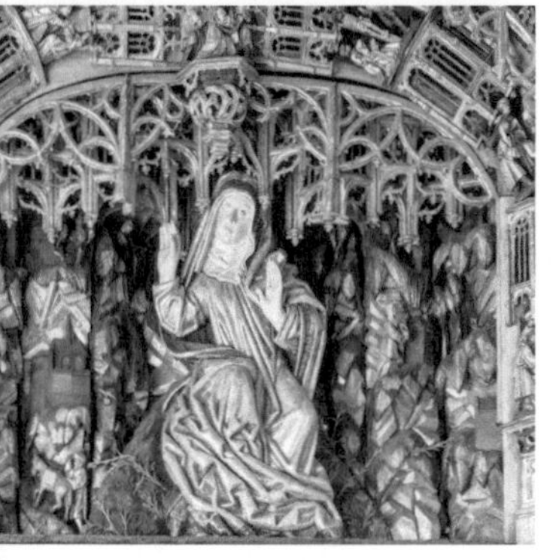

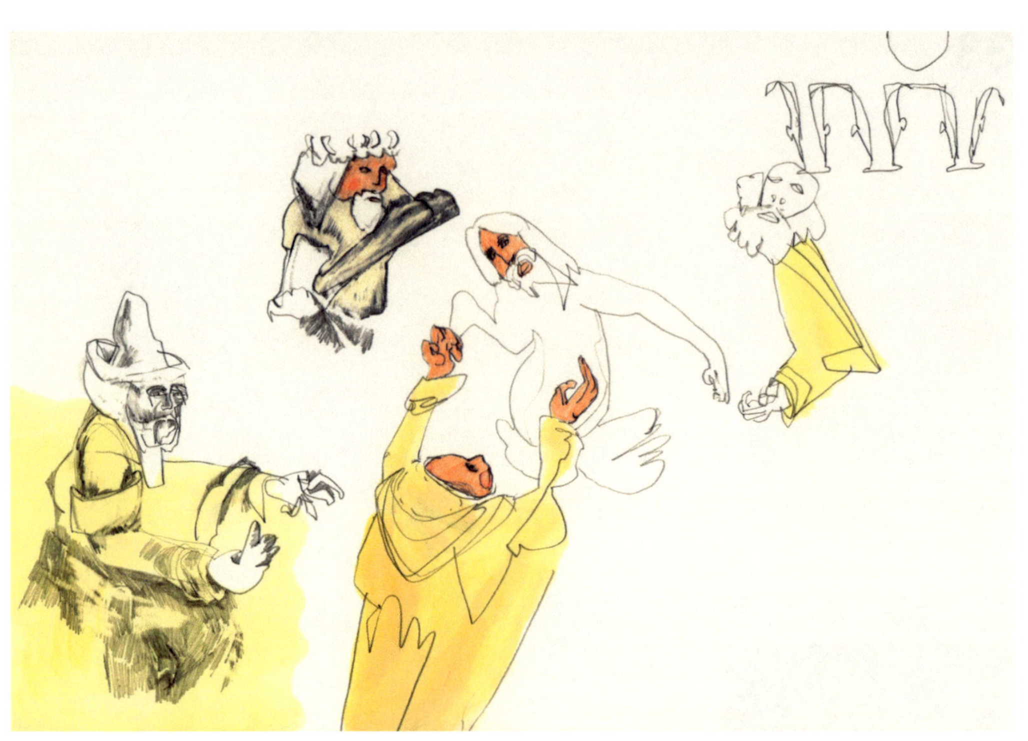

Kreuzabnahme

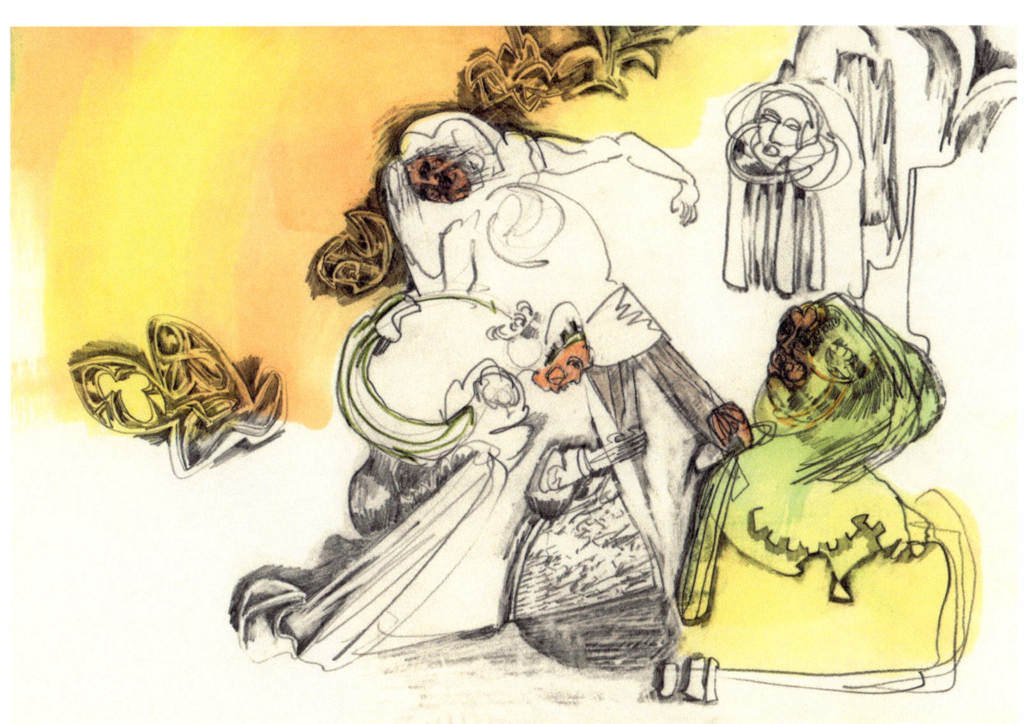

Beweinung

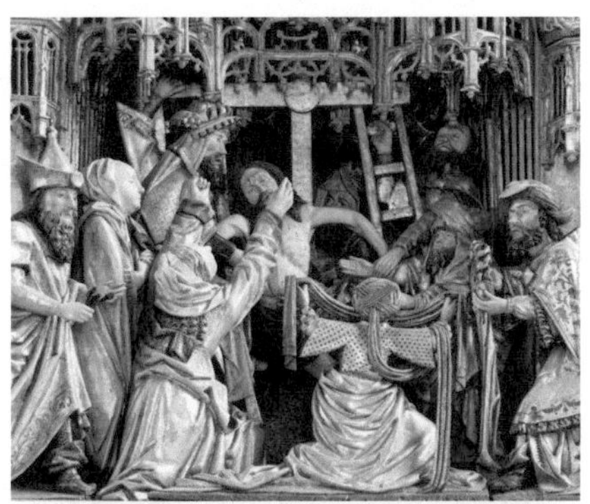

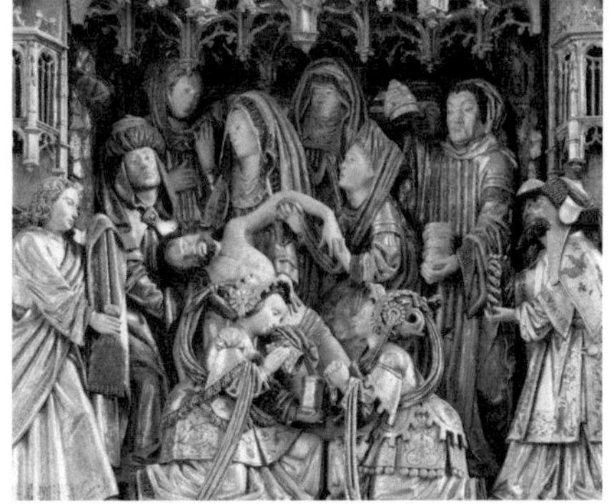

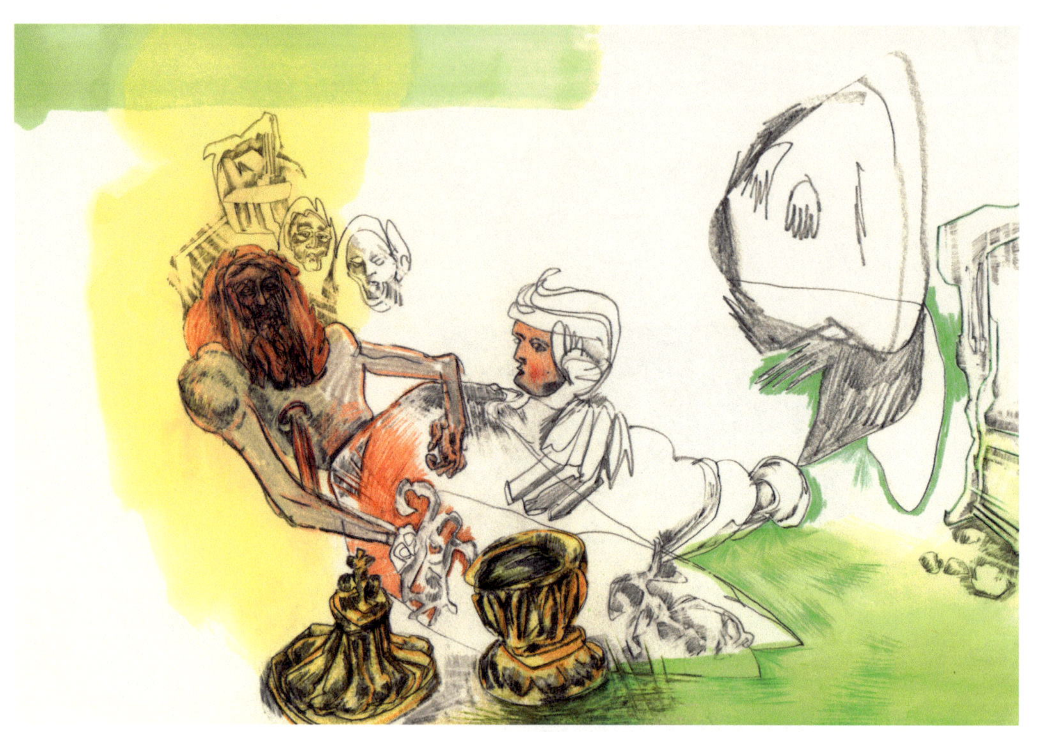

Grablegung

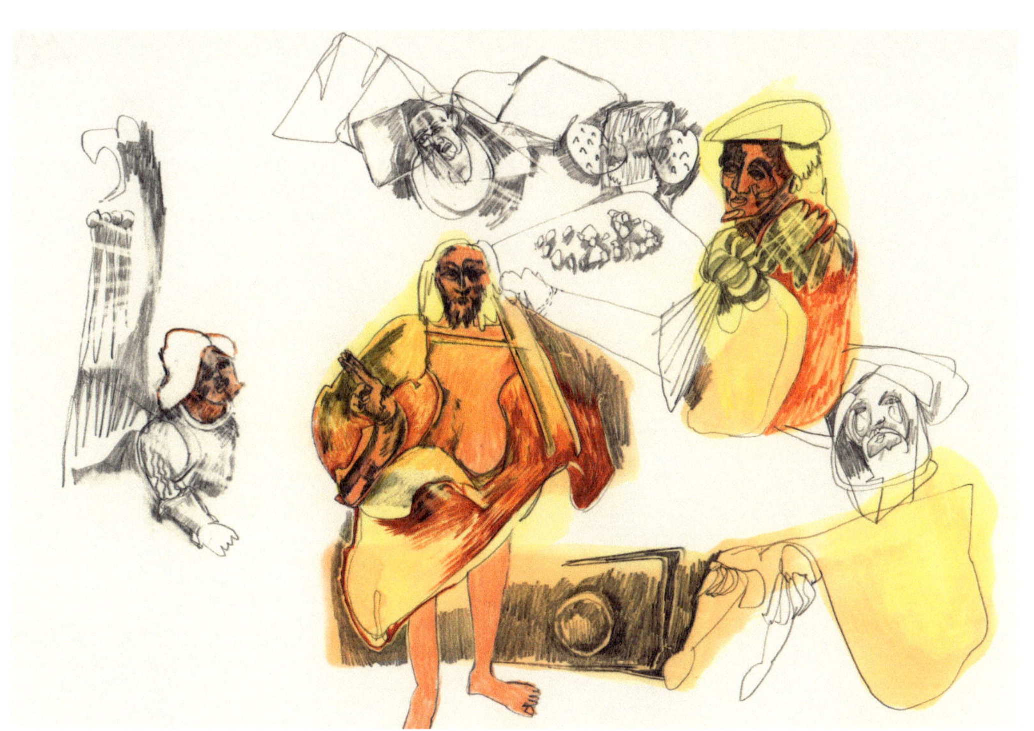

Auferstehung

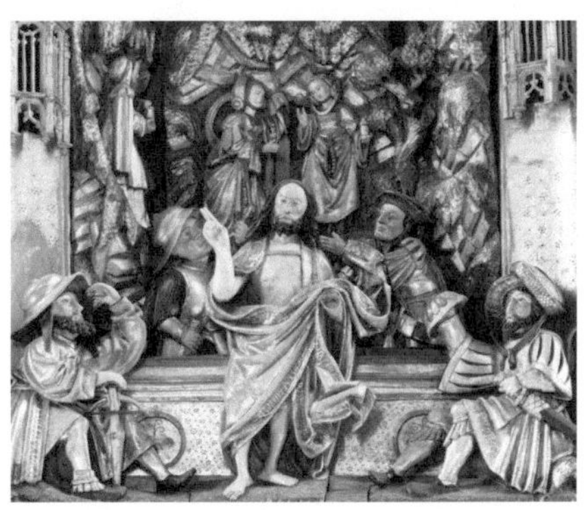

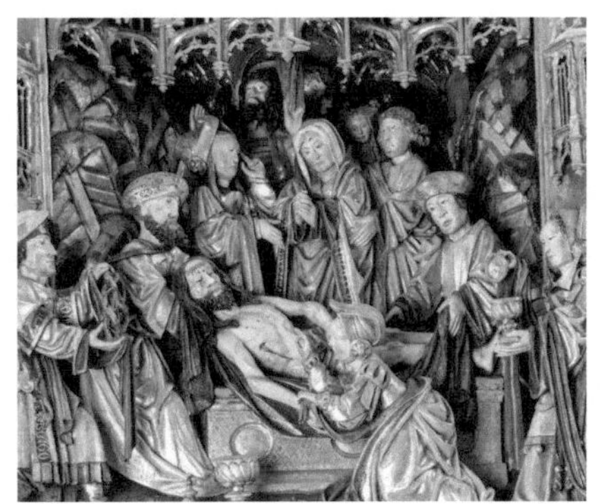

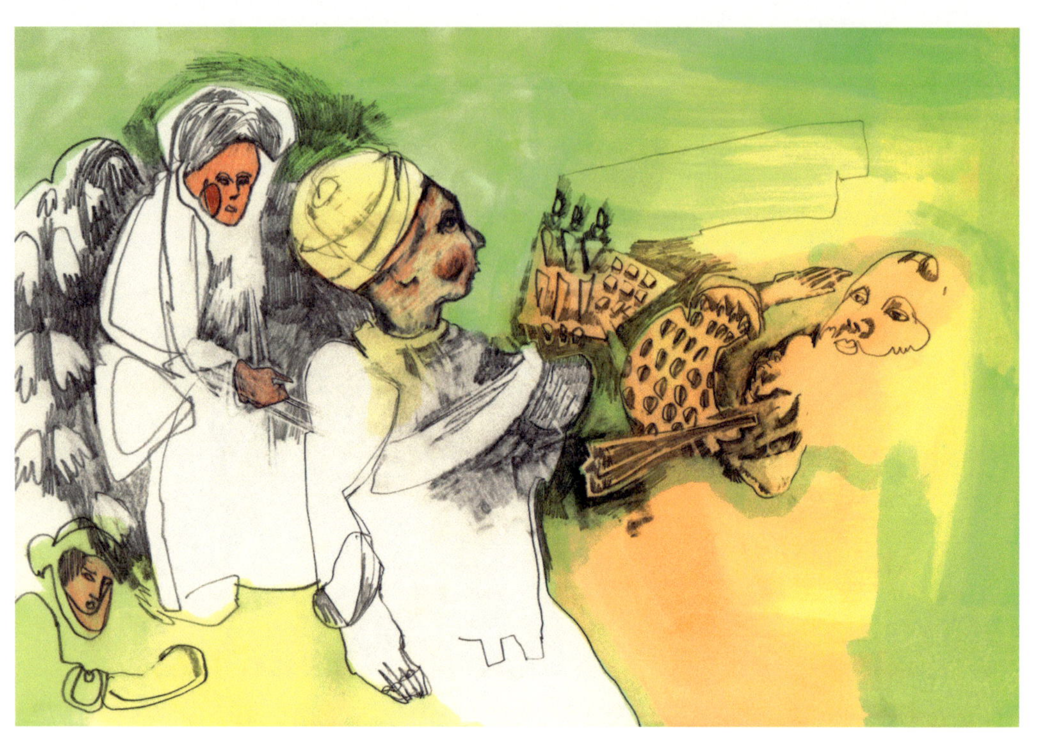

Die Frauen am Grab

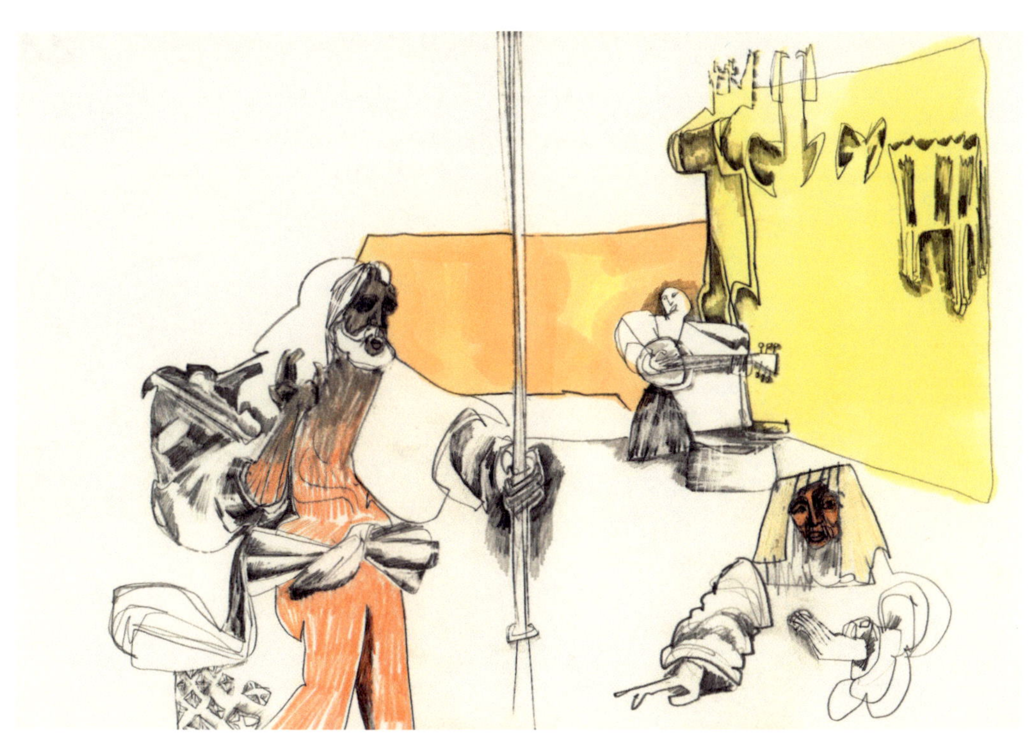

Christus erscheint Maria

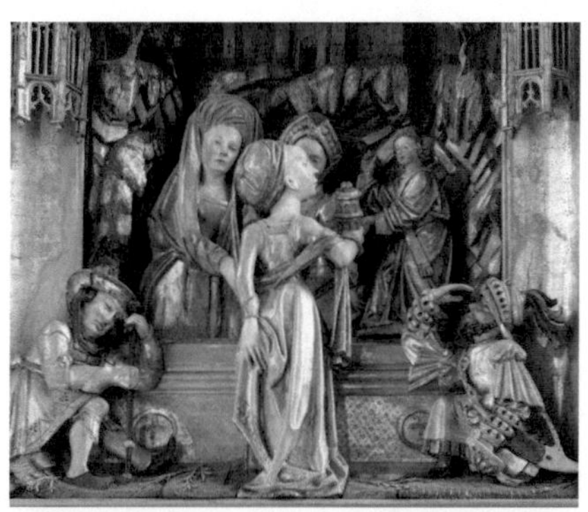

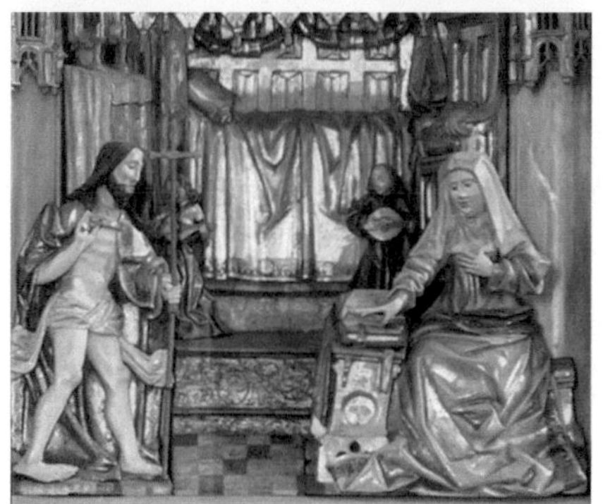

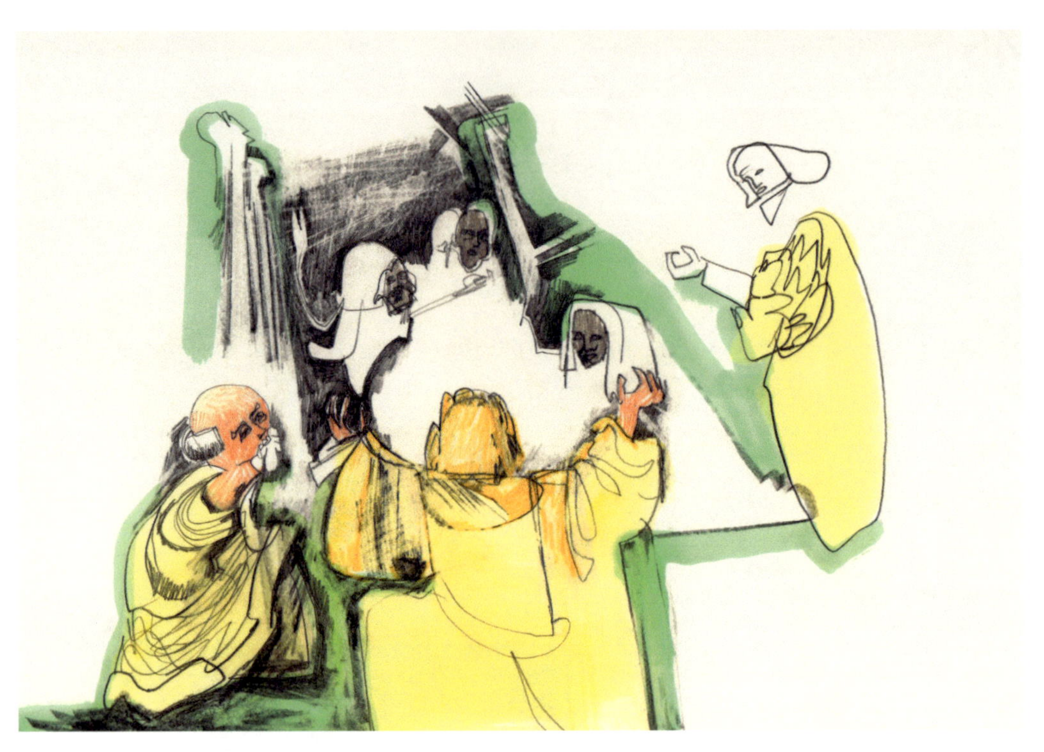

Christus erscheint seinen Jüngern

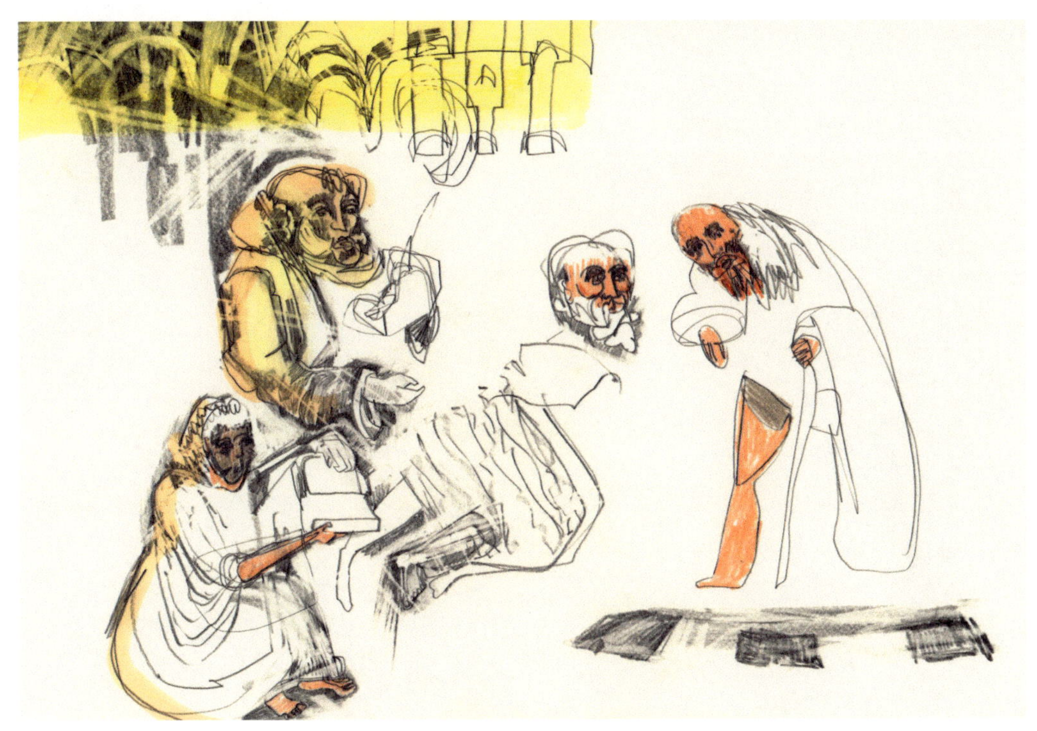

Der ungläubige Thomas

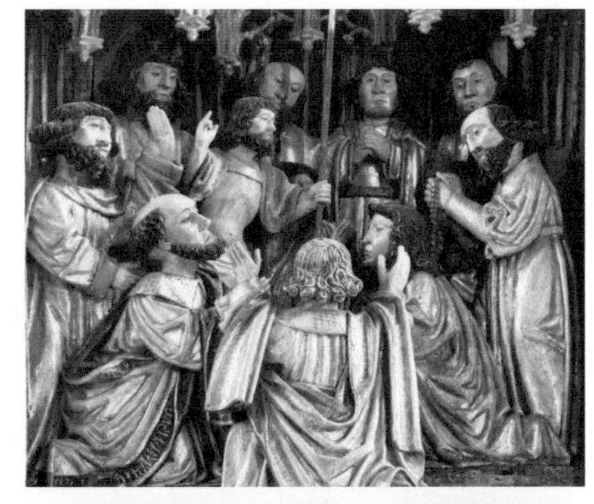

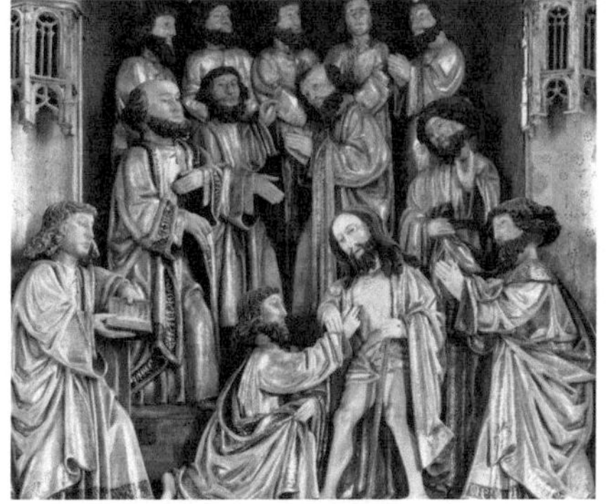

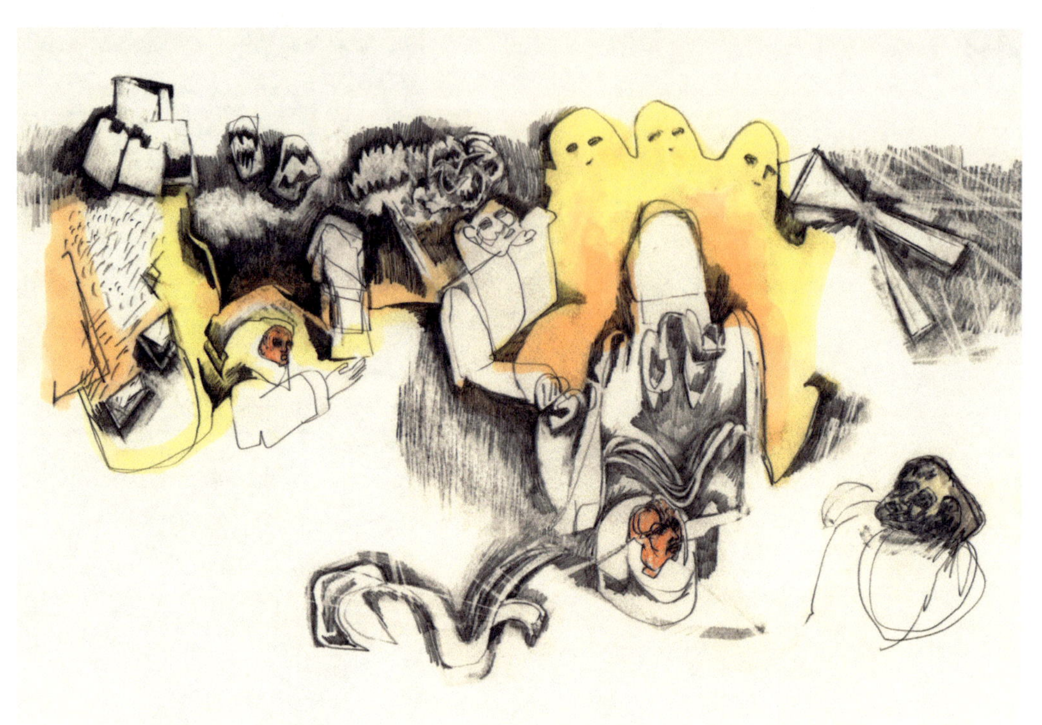

Himmelfahrt

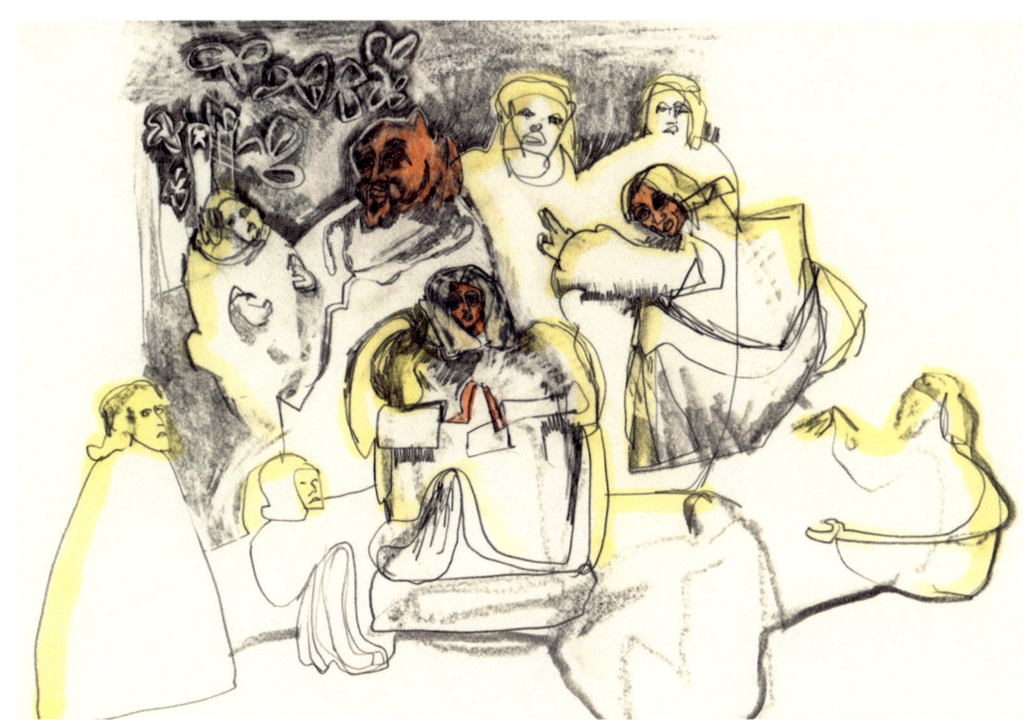

Pfingsten

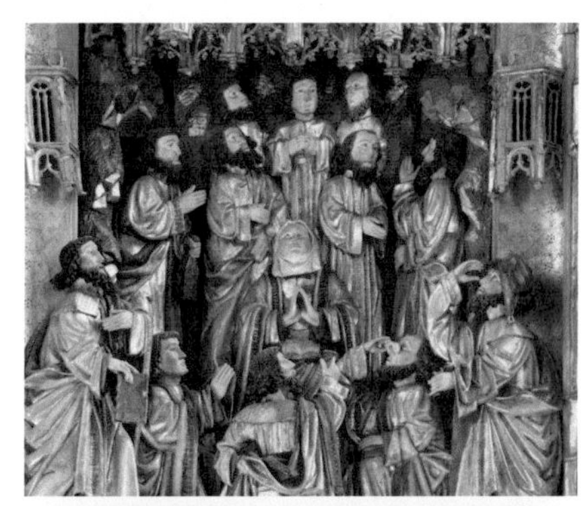

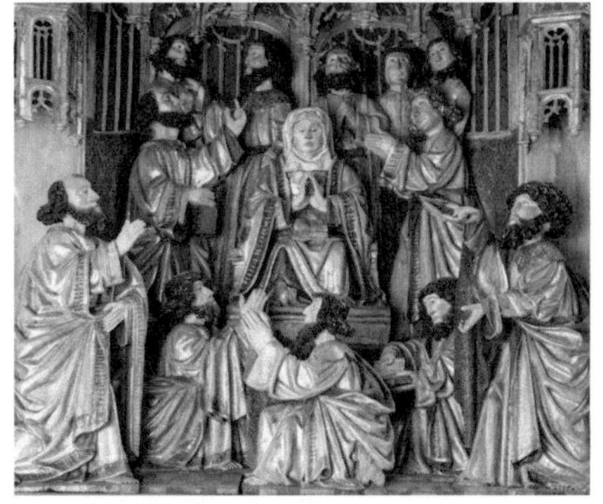

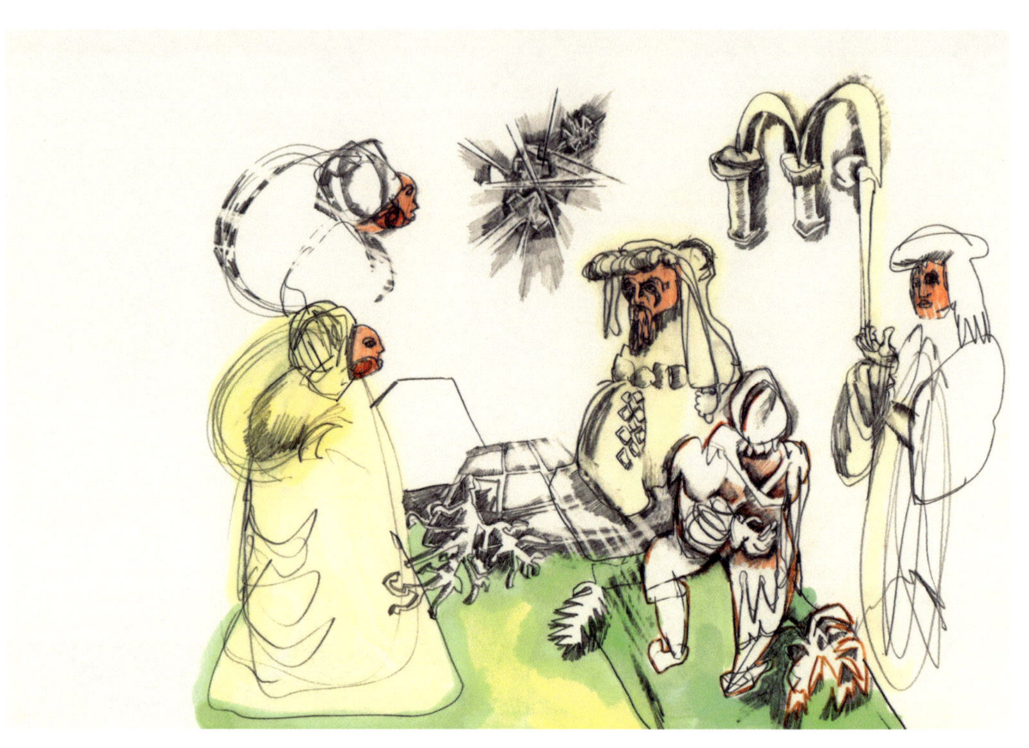

Kreuzauffindung durch Helena

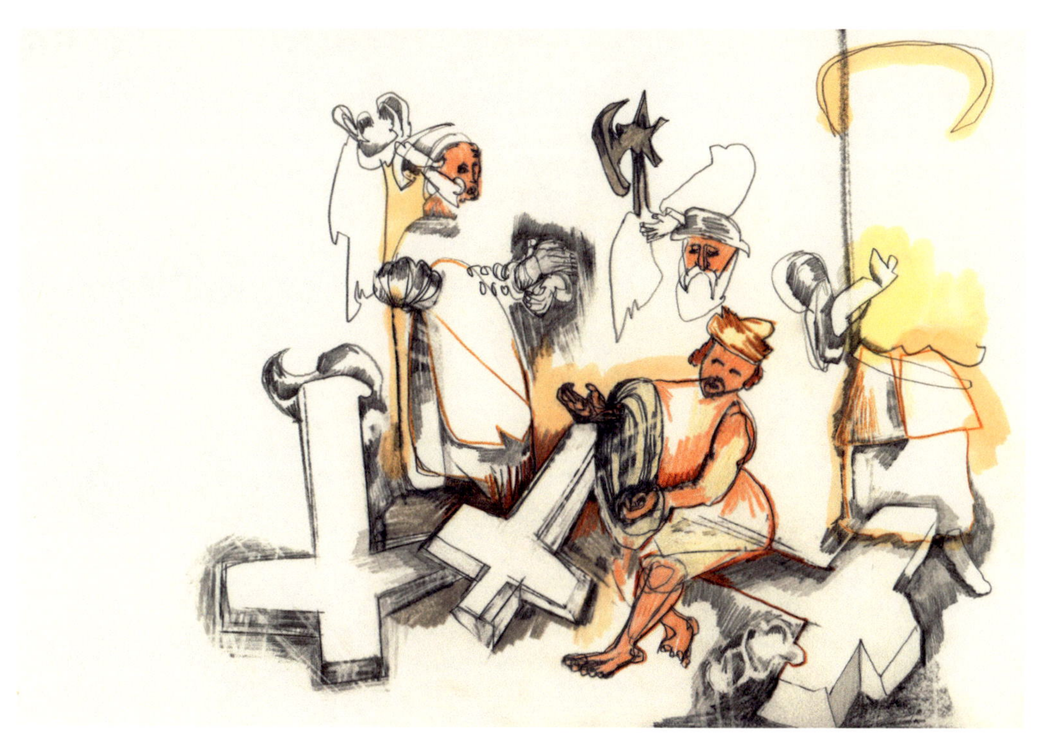

Prüfung des wahren Kreuzes

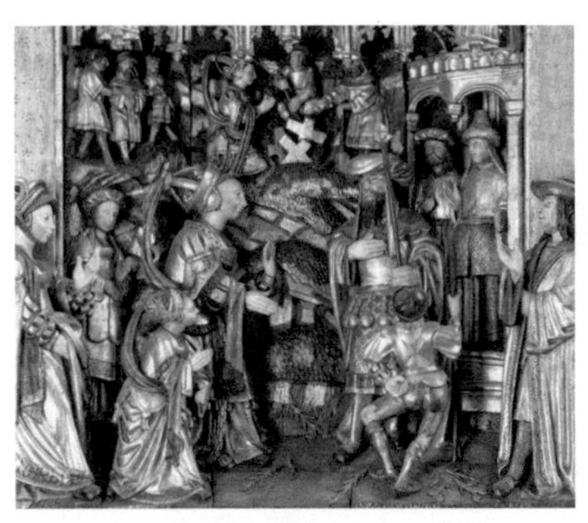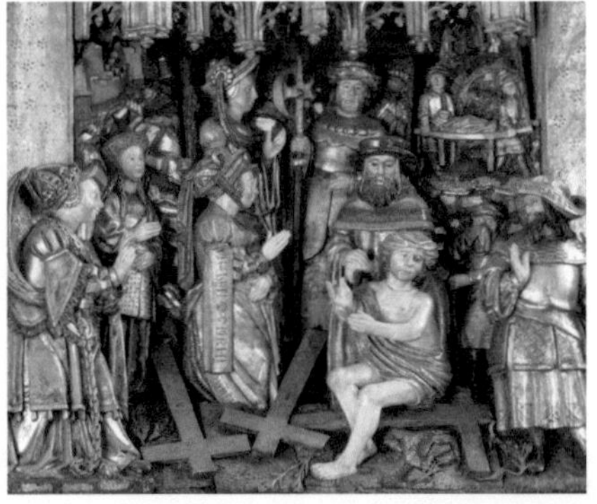

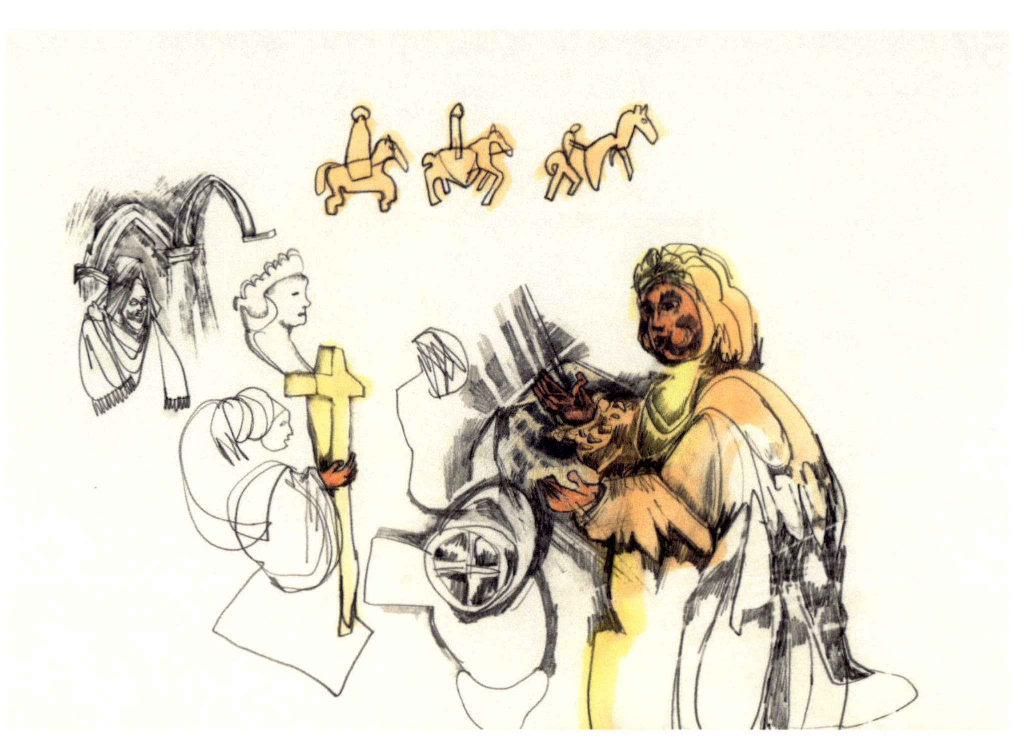

Helena zeigt Konstantin das Kreuz

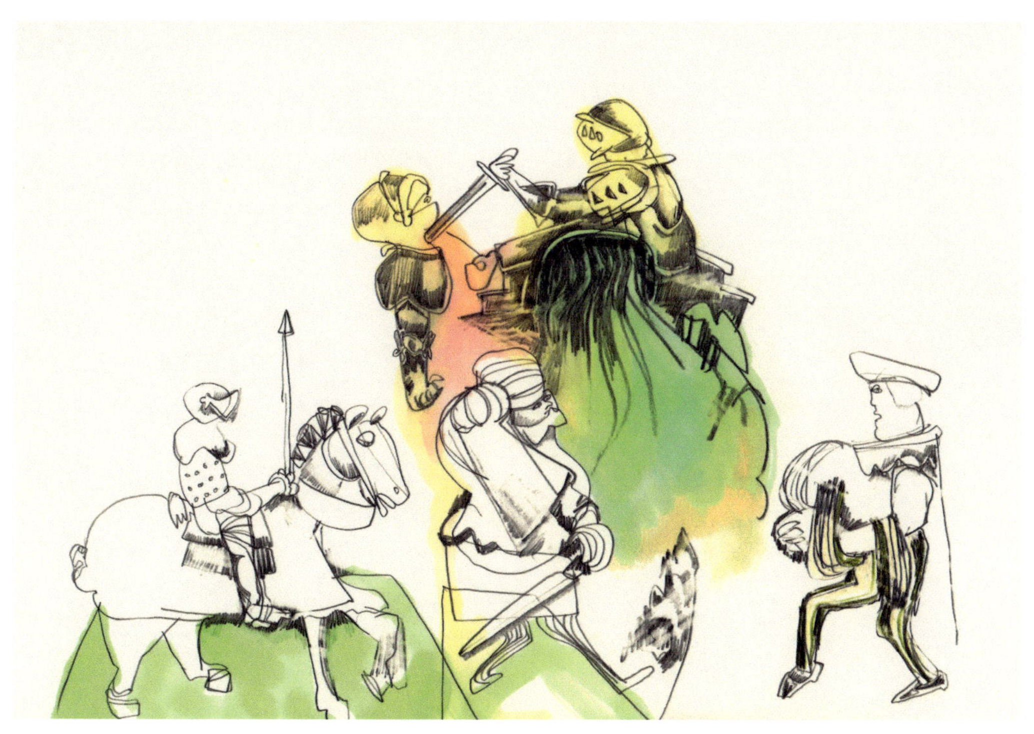

Die Schlacht an der Milvischen Brücke

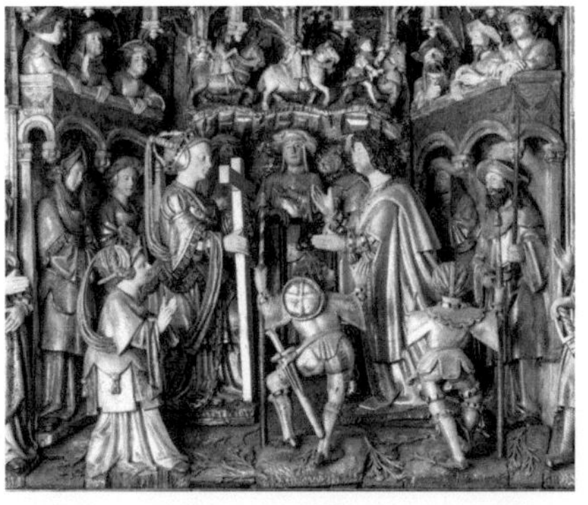

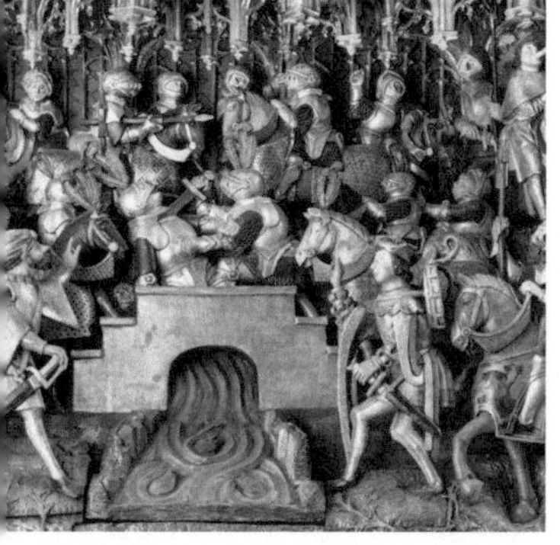

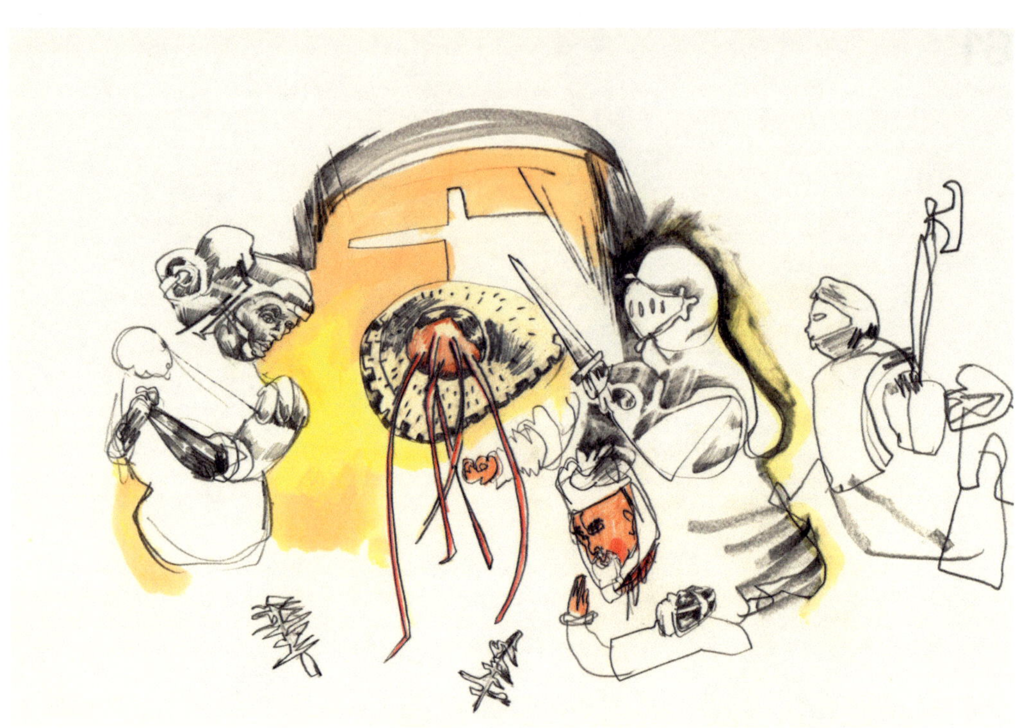

**Heraklius erschlägt den
Kreuzesräuber Chosroes**

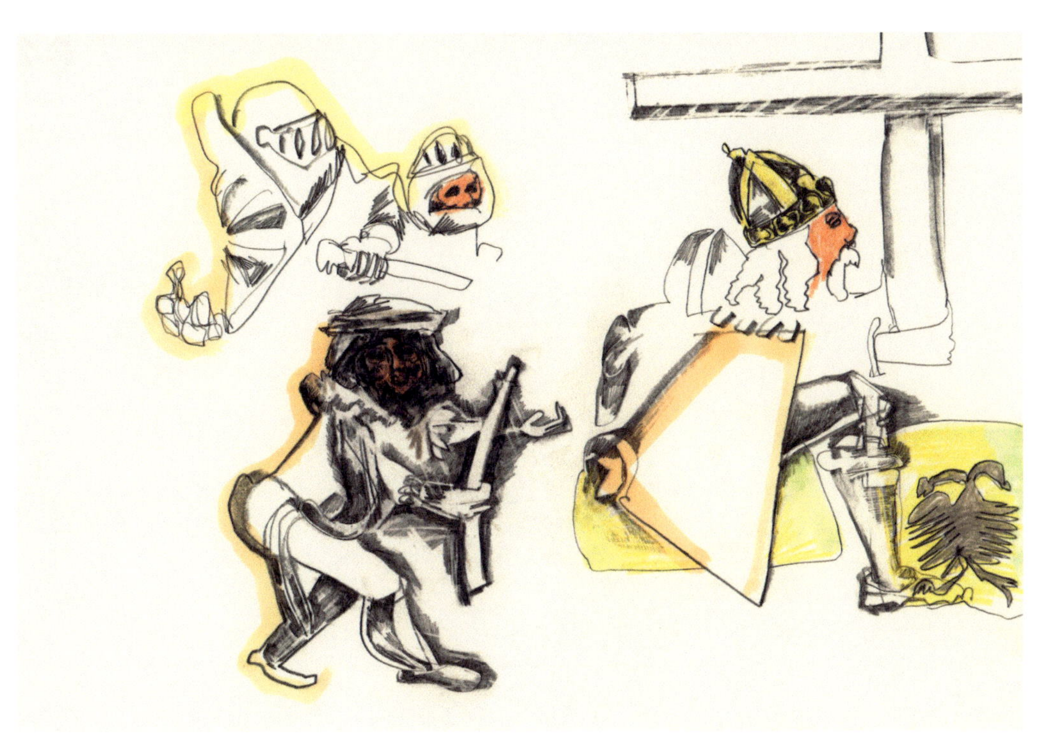Heraklius bringt das Kreuz zurück

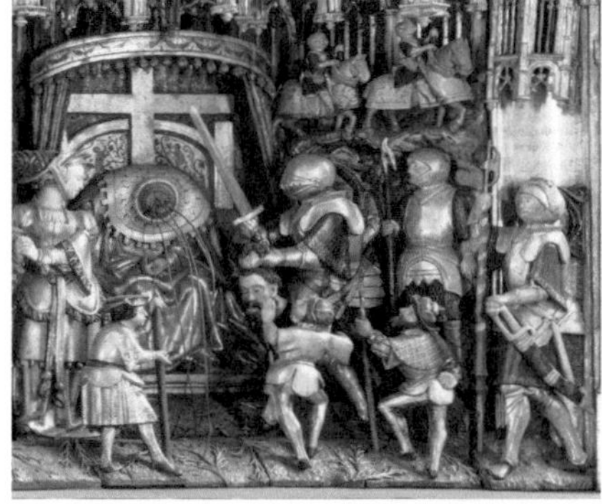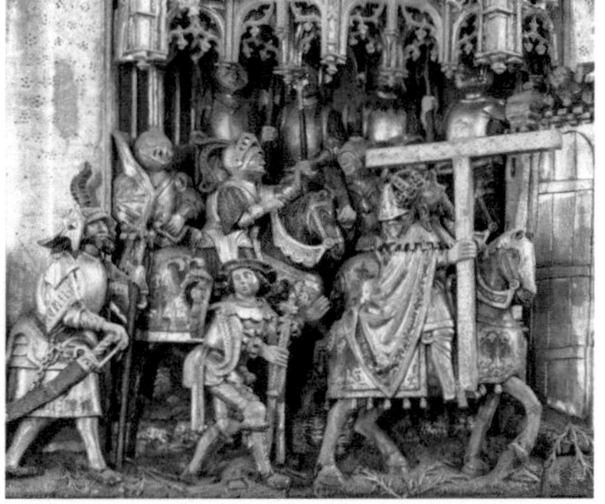

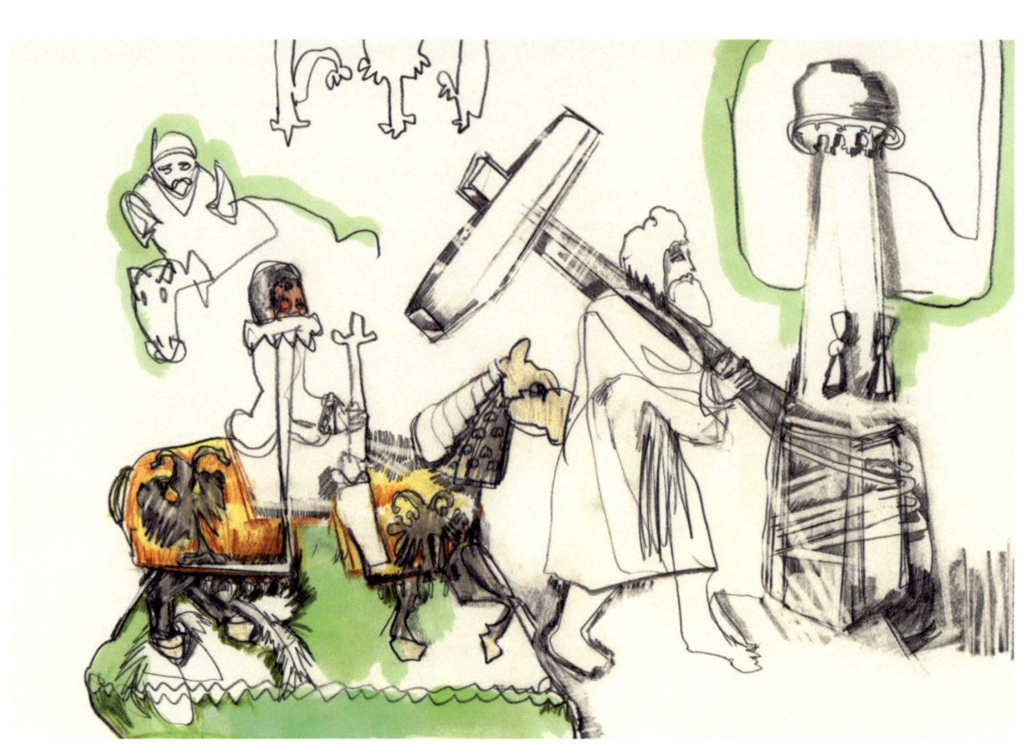

Rückführung der Kreuzreliquie nach Jerusalem

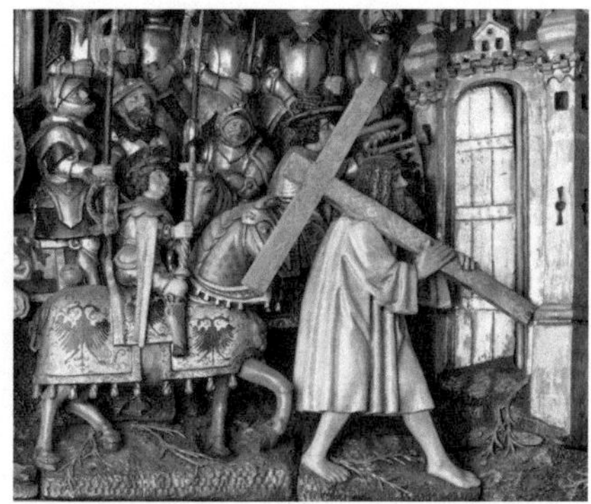

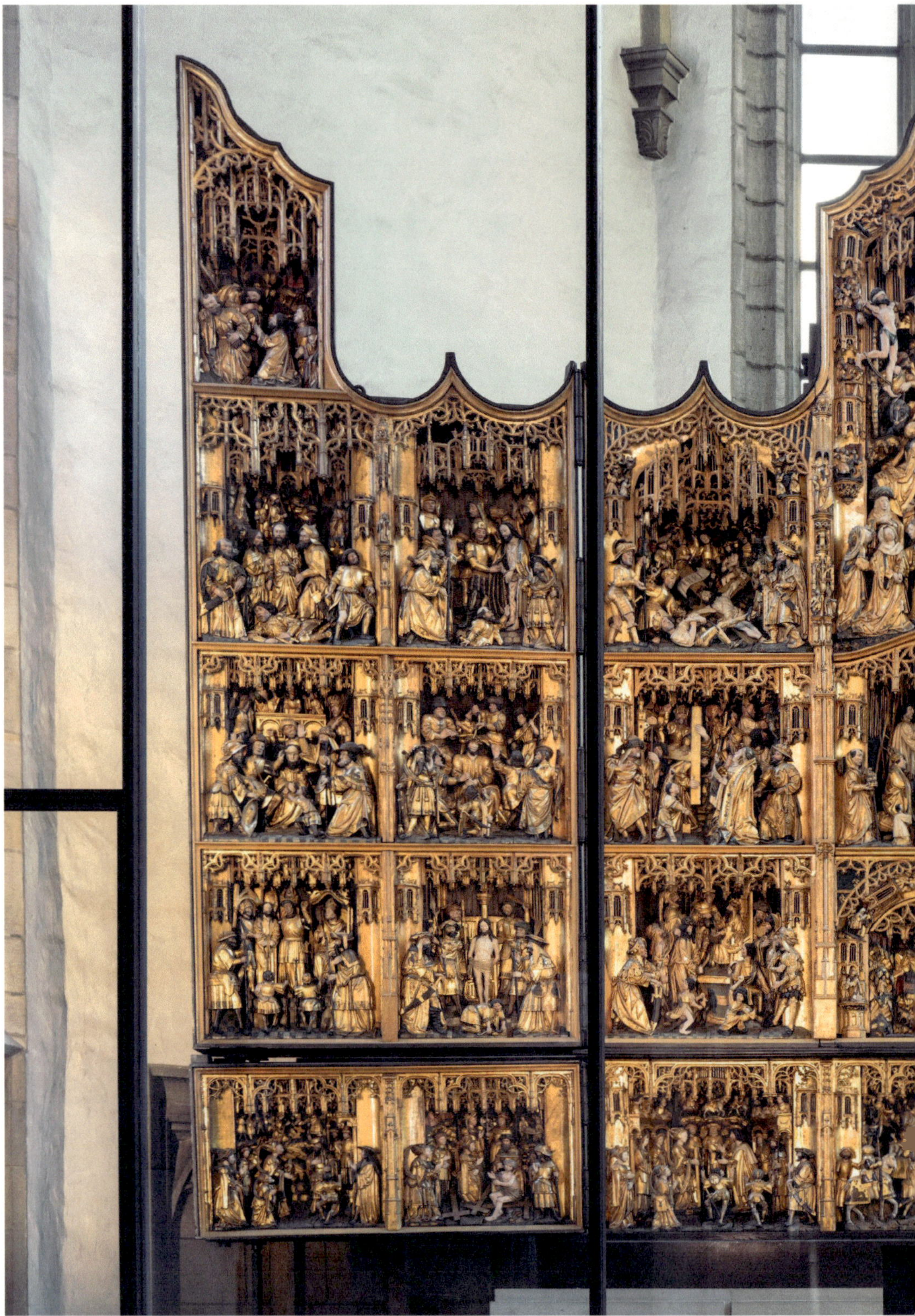

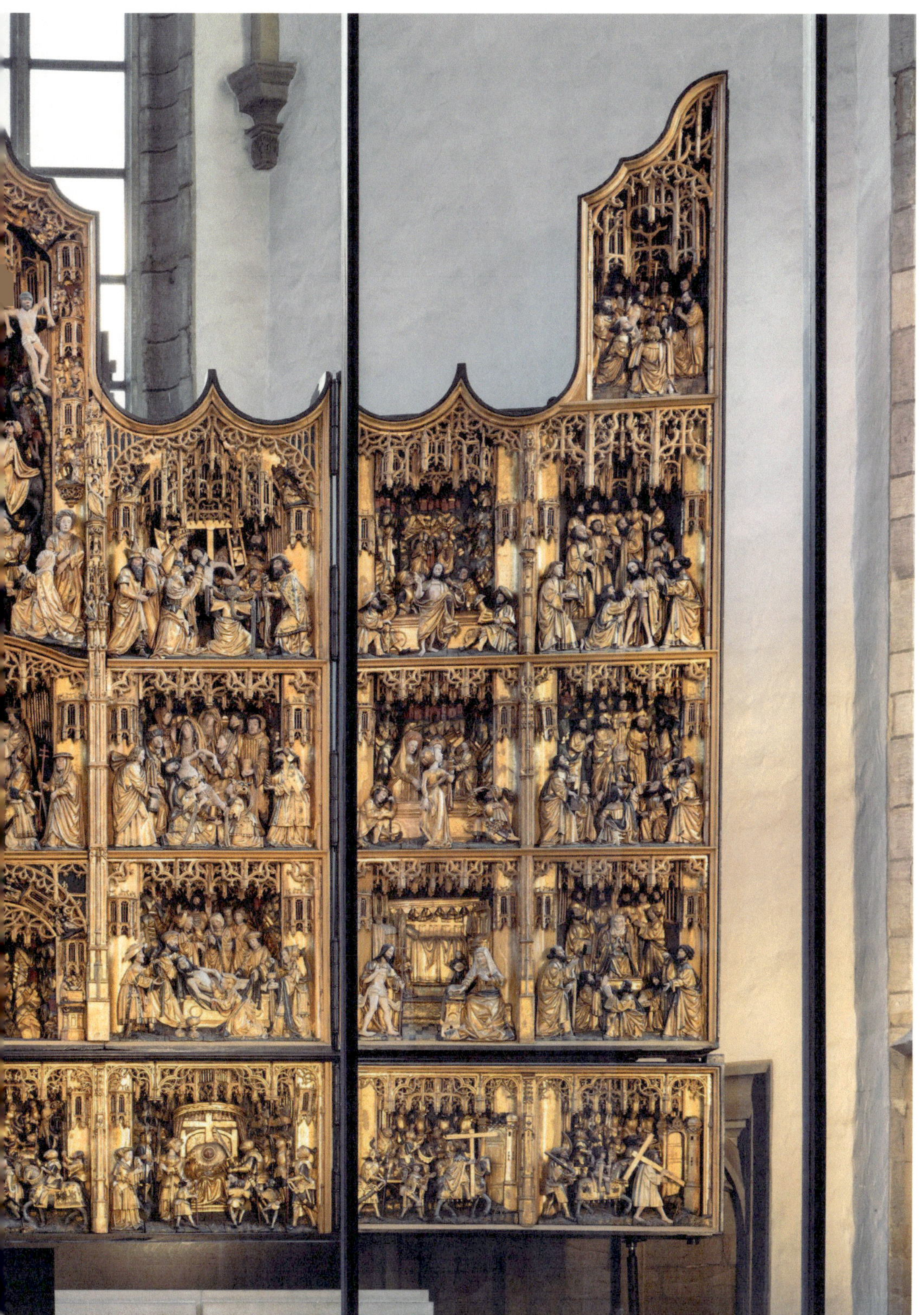

Niklas Gliesmann und Barbara Welzel
Reiseberichte, Orte und Erzählungen

72

Julius Reinders Arbeit – seinem Zeichnen – an historischen Orten geht nicht selten ein Impuls aus einem anderen Medium voraus. Dieser kann, wie auf seiner Sizilienreise 2018, ein mehr als 200 Jahre alter Reisebericht sein, der in der Erzählweise und gemäß den Gewohnheiten seiner Entstehungszeit strukturiert ist. Er spricht Betonungen aus und schreibt die Objekte, die auf der geplanten Reise aufgesucht werden sollen, in gesellschaftliche und politische Kontexte ein. Ein solcher Bericht mag sich zunächst als Hilfestellung an andere bildungsbewusste Reisende richten. Mindestens so sehr aber fordert er Lesende und Reisende heraus, seine „intellektuellen Taten" und seine Erzählung der besuchten Orte mit eigenen Eindrücken in Dialog zu setzen. Reiseberichte zielen nicht nur auf die Zeitgenossen ihrer Niederschrift, sondern sind über Raum und Zeit hinweg angelegt; sie lassen sich noch im heutigen – und perspektivisch auch im künftigen – Nachvollzug (wenn auch manchmal nur in Auszügen) aktivieren.

Reiseberichte erzählen oft nicht nur von den Zielen, sondern auch von den Wegen dazwischen. Sie nehmen Großes und gesellschaftlich Ausgezeichnetes wahr und tradieren, indem sie sie erneut niederschreiben, dessen Geschichte. Aber auch Kleines und eher Biographisches aus der privaten Welt der Reisenden findet Niederschlag in den Berichten. Immer wieder evozieren sie Bilder in der Vorstellung der Lesenden, die – wenn sie nun selbst reisen – ihre inneren Bilder bereits an die Orte mitbringen, um sie dort in Dialog mit eigenen Beobachtungen zu bringen.

Beim Eintreffen vor Ort verursacht das Hinschauen Zustimmung, aber auch Widerspruch, bis der nun nicht mehr nur vorgestellte, sondern erkundete Ort – oder das Artefakt – in eine neue, eigene und direkte Wahrnehmungsebene

vordringt und sich in einen persönlichen Horizont einschreibt. Dem mitgebrachten Reisebericht werden neue Inhalte angelagert, selbst wenn sie nicht notiert werden. Vielleicht verblasst der impulsgebende Bericht auch zusehends. Das eigene Sehen übernimmt die Ortserkundung und geht in das thematische Konstruieren eigener Denkräume in den eigenen Erfahrungswelten über. Stück für Stück entstehen Bausteine nun ihrerseits tradierbarer
Erinnerungen.

Julius Reinders verbringt viel Zeit mit Reisen und intensiven Ortserkundungen. Zahlreiche Zeichnungen sind im Schlosspark Schwetzingen entstanden. Immer wieder ist er am Niederrhein unterwegs. In Kirchenräumen nähert er sich historischen Ausstattungsstücken, etwa den aus dem Mittelalter überlieferten Altarwerken in St. Nikolai in Kalkar. Im Jubiläumsjahr des „Goldenen Wunders" 2021 – während vieler Wochen des Corona-Lockdowns – wählte er die Stadtkirche St. Petri in Dortmund als Ort, um dort die dreißig Gefache des Altarwerks zu zeichnen: dreißig geschnitzte, bemalte und vergoldete Szenen der christlichen Heilsgeschichte, die in der geöffneten Festtagsansicht des monumentalen Klappaltares gezeigt werden. Wenn Julius Reinders gezielt diese Erzählungen des frühen 16. Jahrhunderts als Ausgangspunkte des Zeichnens wählt, gehört dazu sicherlich die Beobachtung, dass in den Gefachen des „Goldenen Wunders" fortlaufend – beginnend mit dem „Gebet am Ölberg" links oben und endend mit „Pfingsten" rechts unten im Schrein – erzählt wird. Hinzukommt die Legende des Heiligen Kreuzes in der Predella, dem Sockelgeschoss.
Wer nach der Kategorie Zeit fragt, mag die Trennung in Szenen vor der Kreuzigung und in die

danach betonen. Das Erzählen kann, fundiert in theologischem Wissen, aber ebenfalls in der Reihenfolge gottesdienstlicher Lesetexte entwickelt werden, oder die thematisch gestaltete Erzählung zu Eucharistie, Erlösung und Sakrament schreitet über die verschiedenen Wandlungszustände des Retabels von außen nach innen voran. Auch die Gegenüberstellung von Motiven aus Altem und Neuem Testament kommt – im „Goldenen Wunder" in der Alltagsansicht – als Anker der Narration in Frage. Folgen von Bildmotiven ließen und lassen dort vielfältige Möglichkeiten von Erzählung aufscheinen und hierarchisieren nicht selten einzelne Szenen gegenüber anderen. Jedem dieser Erzählzugänge ist eigen, dass der Erzählende (und heute auch die Erzählende) für seine/ihre Absicht festlegen muss, wo alles seinen Anfang nimmt und wo es endet. Sie/er muss hinschauen und sich klar werden, dass, wenn er/sie die Narration in das nächste angeschaute Bild weiterführt, der Denkraum für die Zuhörenden oder besser Zusehenden freigegeben wird und auch die individuelle Sehgewohnheit hineinbricht; ähnlich dem Vollzug einer Reise ausgehend von einem Reisebericht.

Die Fülle der Figuren und erzählerischen Details in den dreißig Gefachen des „Goldenen Wunders" ist von den Künstlern für den schweifenden Blick strukturiert worden. Immer wieder sind für die Erzählungen zentrale Personen herausgestellt: von anderen Figuren nicht überschnitten und so für die Blicke als „Fluchtpunkte" inszeniert. Sie sollten entdeckt und beachtet werden und eine Struktur des Sehens ermöglichen. In der historischen Bilderzählung des „Goldenen Wunders" nimmt die Kreuztragung eine bemerkenswerte Rolle ein. Hier überschneidet das

goldene, mit seiner polierten Oberfläche das Licht fangende, Kreuz sehr weitgehend die Figur Jesu Christi – und verknüpft die Passionsgeschichte bildrhetorisch mit der Legende des Heiligen Kreuzes in der Predella des Altarwerks. Julius Reinders antwortet in seiner Zeichnung auf diese deutliche Hervorhebung des Kreuzes. Die Konstruktionsprinzipien der Bildschnitzer und Vergolder wie Fassmaler werden aufgenommen – ohne allerdings nun das Bildfeld mimetisch zu porträtieren. Vielmehr ist es der Gestus des Verdichtens, Hervorhebens, des Nebeneinanders von Gold und Farben, des Zurücktretens von ergänzenden und ausschmückenden Figuren und Binnenszenen, den Julius Reinders in seine eigene Sprache übersetzt, mehr noch: gewissermaßen in der Zeichenzeit streckt. Die Blätter integrieren, wie Jette Flügge es in anderem Zusammenhang für Zeichnungen von Julius Reinders formuliert hat, die „Aufenthaltsspanne" des Zeichners am Ort und vor seinem Objekt. Dazu trägt auch bei, dass der Standpunkt vor den gezeichneten Gefachen innerhalb ein und derselben Zeichnung wechselt; die Dauer und das intensive Schauen finden damit Eingang in die Zeichnung.
Julius Reinders folgt der Gesamtnarration und erstellt einen Zyklus, der jedem Gefach eine eigene Zeichnung widmet. Die dreißig Zeichnungen sind als Erzählfolge hintereinandergestellt, allen Themen ist dasselbe Bildformat zugewiesen. Die Schreinarchitektur mit ihrer Verknüpfung von hierarchischer Hervorhebung der Mittelachse und der Führung der Szenen über mehrere Geschosse sowie die unterschiedlichen Formate der Bilder entfallen. Nicht die historische Ordnung der Szenen im „Goldenen Wunder" wird aufgenommen, sondern in der Neuordnung entsteht eine parataktische Reihung gleich-

großer querrechteckiger Bilder. Diese widersprechen dem historischen Objekt, lassen es zeit-
weise für die Wahrnehmung in den Hintergrund
treten – öffnen Denkräume und präzisieren im
Hinundher des Schauens und Erinnerns die
Wahrnehmung.

Die Zeichnungen des „Goldenen Wunders" sind
kein Tagebuch, sie dokumentieren nicht die
private Auseinandersetzung mit dem Kunstwerk
in der Dortmunder Petrikirche. Vielmehr sind sie
Zeugnisse des Reisens und Erkundens, verdich-
tete Erfahrung, die von Vorwissen und Studium
ihren Ausgang nimmt, um dann in größter Frei-
heit die Bilderzählungen zu erfassen und eigene,
wiederum in eigenem Recht gültige Bilder zu
schaffen. Diese sind ihrerseits für die Veröffent-
lichung bestimmt, um ihrerseits als Erinnerungs-
bilder Ausgangspunkte für neue Erkundungen zu
bieten. Die Ausstellung auf dem Campus Stadt
der Technischen Universität Dortmund im Dortmunder U bot gewissermaßen eine Live-Perfor-
mance der Zeichnungen: Sie konfigurierten wie
das „Goldene Wunder" und doch in sehr ver-
schiedener Weise einen ganzen Raum; sie setz-
ten Betrachtende in Bewegung, um die Erzählungen zu erschließen und die Kunstfertigkeit
zu bestaunen. Das vorliegende Buch schließlich
ist ein Aufzeichnungsmedium – wie die gedruck-
ten Reiseberichte, die einen Impuls für eigene
Reisen zu geben vermögen.

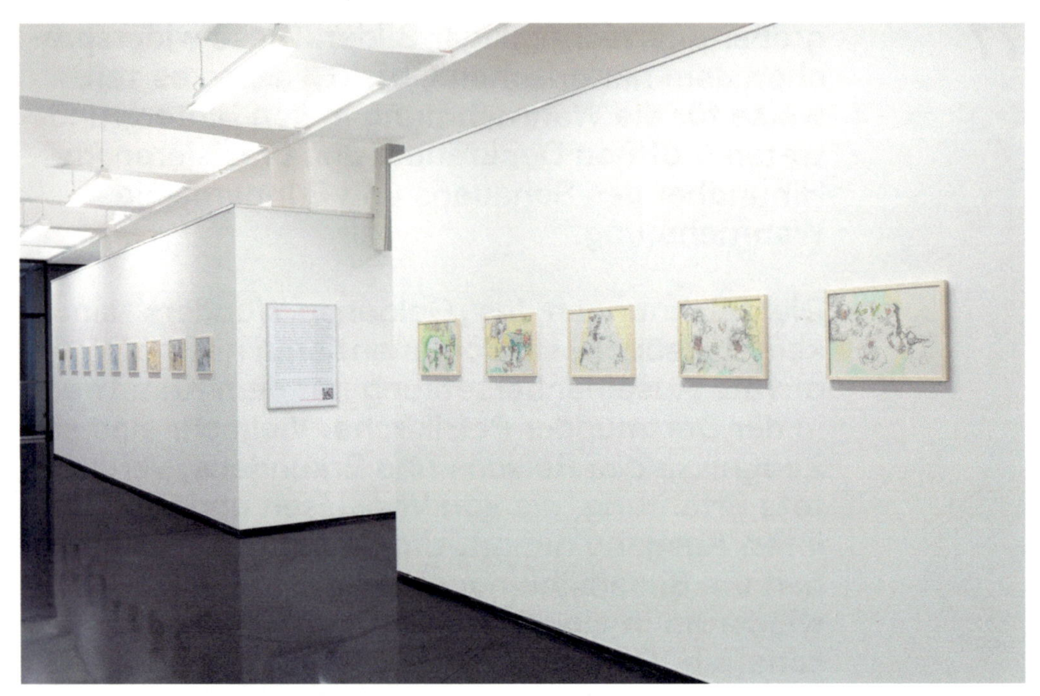

Ausstellungsansichten
Julius Reinders, Dortmunder U

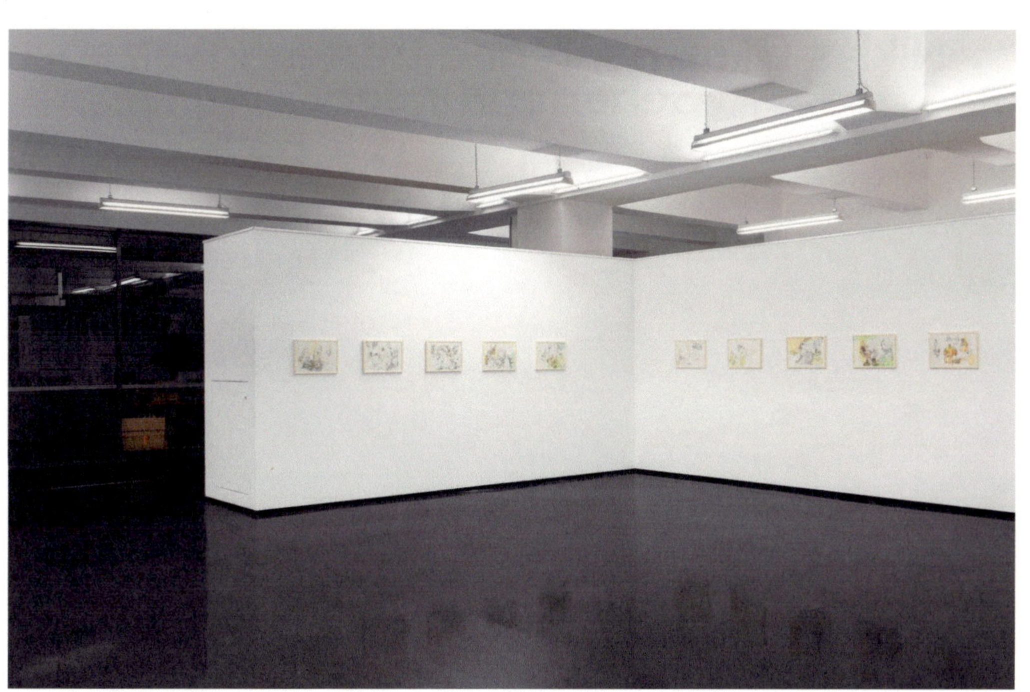

Niklas Gliesmann und Barbara Welzel
Seherfahrungen

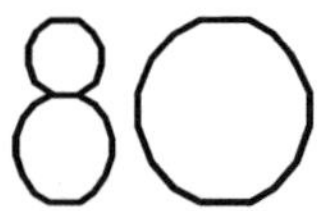

Die Bildschnitzer, die die dreißig Szenen der Festtagsseite des „Goldenen Wunders" vor einem halben Jahrtausend in Antwerpen geschaffen haben, würden sich vermutlich über die Formensprache gewundert haben, die Julius Reinders für seine dreißig Zeichnungen eben dieser Szenen wählt. Die Figuren sind in für die Erzählung und das Flächenarrangement ausgewählten Grundzügen, nicht aber in leiblicher Vollständigkeit auf das Papier gebracht – eine Fragmentierung, die die Bilderfahrungen der Moderne voraussetzt. Die Tatsache jedoch, dass ein junger Künstler – Julius Reinders (Jahrgang 1993) – ihre Kompositionen zum Ausgangspunkt seiner Zeichnungen genommen hat, hätte sich nahtlos in ihre Vorstellungen von künstlerischem Schaffen und der Vernetzung in einem weit zirkulierenden Bilderfundus gefügt. Auch die Dortmunder Franziskaner, die 1521 in Antwerpen einen Vertrag zur Lieferung des monumentalen Altarwerks in ihre Kirche unterzeichneten, bewegten sich in einer Bilderwelt, in der das Weitertragen von Bildformulierungen sowie die Übersetzung von einem Medium in ein anderes geübte Praxis war. Für einzelne Gemälde des „Goldenen Wunders" (sichtbar, wenn die beweglichen Flügel des Altarwerks geschlossen sind) hatten Druckgraphiken von Albrecht Dürer als Ausgangspunkt gedient: nicht aus Gründen mangelnder Fantasie der Antwerpener Maler – wohl Adrian von Overbeck und Mitarbeiter seiner Kooperative –, sondern weil die Bilderzählungen in die, die gesamte christliche Welt überspannenden, Anschauungshorizonte der Heilsgeschichte eingeschrieben werden sollten. Dass durch die Antwerpener Maler auch eine Referenz auf das Werk Dürers als eines in Mittel- und Westeuropa hochgeachteten und im Februar 1521 zum Augenblick der Unterschrift unter den

Liefervertrag gerade in Antwerpen weilenden Zeichners und Druckgraphikers beabsichtigt gewesen sein mag, kommt noch hinzu. Die Dortmunder Franziskaner, die historischen Betrachter, waren sich – so lassen sich die christlichen Vorstellungswelten beschreiben – bewusst, dass die Bilder ihnen Geschichten erzählten, die sie nicht nur miteinander und mit ihren Zeitgenossen teilten, sondern mit den Generationen vor ihnen sowie mit den Generationen, die ihnen bis zum Ende der Zeiten folgen würden.

Mit der Trennung der evangelisch-lutherischen Konfession von der katholischen Kirche in der Folge der Reformation im 16. Jahrhundert – beginnend in jenen Jahren, in denen das „Goldene Wunder" geschaffen wurde und nach Dortmund kam – blieben zahlreiche christliche Bildthemen und Vorstellungswelten gleich, andere unterschieden sich, manche wurden polemisch in Bildern und Schriften gegeneinandergesetzt. Für die goldene Seite des „Goldenen Wunders" mit den dreißig skulptierten Gefachen lässt sich sagen, dass die meisten Darstellungen für beide Konfessionen gleichermaßen gültige Bilderzählungen waren: die Erzählungen der Passion Christi, beginnend mit dem Gebet am Ölberg bis hin zur Kreuzigung und weiter über die Kreuzabnahme und die Grablegung, ebenso die sogenannten nachösterlichen Ereignisse von der Auferstehung bis zur Himmelfahrt und abschließend dem Pfingstwunder. Doch einige der Szenen widersprechen der evangelischen Theologie: die Legende vom Heiligen Kreuz im Sockelgeschoss, der Predella des Altarwerks, und vor allem die legendarische Erzählung von der Messe des heiligen Papstes Gregor, bei der Jesus Christus während der Liturgie leibhaftig auf dem Altar erscheint, die in der zentralen Mittelachse des

Altarwerks unmittelbar unter der Kreuzigung gezeigt ist. Auch die wiederum im Gefach darunter platzierte Darstellung der schmerzvollen Muttergottes, der „mater dolorosa", ist Zeichen einer Frömmigkeit aus katholischer Tradition.

Als sich in Dortmund nach der Mitte des 16. Jahrhunderts der evangelische Gottesdienst durchsetzte, blieben die Klöster in der freien Reichsstadt allerdings weiterhin katholisch, so auch das Kloster der Franziskaner, das sich im Nordwesten der Stadt in der Nähe der Stadtmauer befand. Seine Geschichte endete, als es im Zuge der Säkularisierung und der grundstürzenden Neuformation Europas am Beginn des 19. Jahrhunderts aufgelöst wurde; die Kirche und die Klostergebäude wurden 1805 abgerissen, und auch die Ausstattung des Klosters ging verloren. Das Altarwerk konnte jedoch gerettet werden: Die evangelische Petrikirche kaufte es im Jahr 1809 und stellte es auf dem Altar ihrer Kirche auf.

Die Konfessionalisierung seit dem 16. Jahrhundert hatte in den folgenden Jahrhunderten Kirchen in zunehmendem Maße zu Räumen werden lassen, in denen Kunstwerke – jenseits konfessioneller Unterschiede und Eigenheiten – verstärkt auch als Werke der Kunst in einem eigenen Sinne wertgeschätzt wurden. Nach der Säkularisierung und mit dem zunehmenden Ausformulieren von säkularen Denkmalwerten lassen sich Kirchen und ihre Ausstattungsobjekte als doppelt codiert beschreiben: zugleich einerseits Werke mit christlicher Botschaft und Zeugnisse, wie es aus Bekenntnisperspektive formuliert werden kann, der Geschichte Gottes mit den Menschen sowie andererseits mit säkularer Kunst- und Denkmalcodierung. Strikt katholische Bildthemen wie die Messe des heiligen Gregor konnten daher in der evangelischen Kirche St. Petri geduldet werden und wurden in die Wertschätzung des Kunstwerks im Kirchenraum eingeschlossen.

Während der Corona-Lockdowns ab März 2020 blieb die Petrikirche – wie auch andere Kirchen – geöffnet: für Gottesdienste und als spiritueller Ort. Zugleich war sie im Unterschied zu den Museen, die für den Publikumsverkehr geschlossen werden mussten, ein durchgehend zugänglicher Ort der Kunst. Julius Reinders, der in Emmerich, Düsseldorf und Dortmund arbeitet, ist in jenen langen Wochen in diesen Raum – ebenso wie in die Nikolaikirche in Kalkar – gegangen und hat das Offenhalten eines öffentlichen Ortes mitten in der Stadt angenommen. Die Stadtkirche war einmal mehr ein Anders-Ort am Hellweg, mitten in der Fußgängerzone, die in jenen Wochen nicht von geschäftigem Trubel geprägt war, sondern nahezu menschenleer den Verlust der gemeinsam geteilten und belebten Öffentlichkeit im Lockdown in besonderer Weise spürbar sein ließ. Verloren waren sehr weitgehend Orte, an denen sich gemeinsame Erfahrungswelten öffneten und an denen sich eigenes Erleben in kollektive Kontexte – der eigenen Gegenwart wie Generationen übergreifend – einschreiben ließen. Umso wichtiger waren Orte wie die Stadtkirche St. Petri.

Viele Stunden hat Julius Reinders im Jahr 2020 wieder und wieder in der Stadtkirche St. Petri verbracht und sich zeichnerisch in das „Goldene Wunder" vertieft. Der hier in den langen Corona-Wochen entstandene Zyklus von dreißig Zeichnungen nimmt nicht allein die Bildfelder des Altarwerks zum Ausgangspunkt, sondern trägt dem Ort auch eine kulturelle Schicht an.
Die nur kurz zuvor entstandenen und in diesem

Buch verwendeten Fotografien des Deutschen Dokumentationszentrums für Kunstgeschichte (Bildarchiv Foto Marburg) dienen der dokumentarischen Erfassung nach festgelegten und über Jahrzehnte auch technisch verfeinerten Bildkonventionen, die flächendeckend angelegt werden, und machen so Objekte, die sich an unterschiedlichen Orten befinden, im Medium des fotografischen Bildes vergleichbar. Auf diese Weise werden sie für die internationale Forschung bereit gestellt, aber auch für das Stöbern und Studieren durch Kunstliebhaberinnen und Kunstliebhaber, wie in Antwerpen im 17. Jahrhundert – im Jahrhundert nach der Fertigung des „Goldenen Wunders" in dieser Stadt – Personen genannt wurden, die zu den Künstlerinnen und Künstlern in die Kreise derjenigen aufgenommen wurden, die sich miteinander über Kunst und künstlerische Fragen austauschten, Gespräche führten und Briefe (heute wären das wohl Mails) schrieben.

Das Medium der Zeichnung wurde über die Jahrhunderte ebenfalls immer wieder zur Dokumentation eingesetzt, etwa für das bildliche Inventarisieren in Sammlungen und Museen. Das Zeichnen gehörte bis weit in das 20. Jahrhundert zum Handwerkszeug der Kunstgeschichte, als Notat bei der Erfassung von Denkmalen, von architektonischen Strukturen und Objekten bei Reisen und Ortsterminen. Überhaupt nahm der Zeichenunterricht immer wieder seinen Ausgangspunkt im Studium von älteren Kunstwerken und diente dem Training des genauen, erfassenden Sehens.
Julius Reinders beabsichtigt mit seinen Zeichnungen jedoch keine Dokumentation; in diese Tradition schreibt er sich nicht ein. Wiewohl er jedem der dreißig Gefache eine Zeichnung wid-

met und jedes dieser Blätter mit der im Altarwerk dargestellten Szene betitelt, „porträtiert" er nicht. Auch sind für ihn die Zeichnungen kein Hilfsmittel, um sich die Kompositionen der einzelnen Gefache im konzentrierten Sehen und visuellen Klären für den wissenschaftlichen Blick zu erschließen.

Julius Reinders zeichnet als Künstler. Er begibt sich in Dialog mit den skulptierten Erzählungen, die von Bildschnitzern in Antwerpen vor 500 Jahren geschaffen worden waren. In seinen Zeichnungen greift er Einzelheiten der Szenen heraus, fügt sie auf seinem Zeichenblatt neu zusammen – und wechselt dabei immer wieder auch den Standpunkt, von dem aus er auf ein Gefach blickt. Solche perspektivischen Verschiebungen wären für Künstler:innen und Betrachter:innen des 16. Jahrhunderts nicht denkbar und vorstellbar gewesen. Doch evoziert Julius Reinders eine Seherfahrung, die den intendierten und historisch nachweisbaren Erfahrungen verblüffend nahe kommt. Die Franziskaner trafen sich im Chor ihrer Kirche, wo das „Goldene Wunder" Aufstellung gefunden hatte, regelmäßig zum Gottesdienst sowie täglich mehrfach zu den vorgeschriebenen Gebetszeiten.

Die Bilder täglich zu sehen und die gottesdienstlichen Lesetexte zu hören, hieß für die Dortmunder Franziskaner, die Geschichten zu erinnern, sich in einzelne zu vertiefen und sie immer wieder – auch zu den verschiedenen Tageszeiten – anzuschauen. Bei Wandlung des Retabels durch das Klappen der seitlichen Flügel werden die Gemälde sichtbar, die die Geschichte der weiblichen Vorfahrinnen Jesu Christi ins Bild setzen. Bei erneuter Wandlung wird die Anbetung des Heiligen Sakraments der Eucharistie durch weltliche und geistliche Stände gezeigt. Mit seinen Wandlungen, die Hochfeste, Sonntag und Alltag schmückten, rhythmisierte das „Goldene Wunder" das Jahr. In veränderter Form wird diese Tradition heute fortgesetzt. Auch an den Tagen, an denen das Altarwerk ganz geöffnet war – und jene Ansicht zeigte, die Julius Reinders gezeichnet hat –, fanden sich die Franziskaner immer von Neuem in ihrem Kirchenraum ein: morgens ganz früh, noch vor Sonnenaufgang bei Kerzenlicht, über den Tagesverlauf hinweg mit der wandernden Sonne, bei wechselndem Wetter, zu den unterschiedlichen Jahreszeiten. Sie bewegten sich im Raum, saßen auf ihren Plätzen im Chorgestühl und erhoben sich im Gebet. Sie mögen sich außerhalb der liturgischen Handlungen in Gesprächen in manche Szenen vertieft und über die Deutungen des biblischen Geschehens und der Legenden debattiert haben. Vielleicht haben sie das „Goldene Wunder" mit Erinnerungen an andere Kunstwerke verglichen, die sie aus anderen Klöstern kannten, wechseln die Franziskaner doch regelmäßig nach einigen Jahren ihr Kloster.

Das alles ist nicht das Thema der Zeichnungen von Julius Reinders. Und doch fassen sie in ihrer eigensinnigen künstlerischen Gestaltung die Bewegungen und das Verweilen des Blickes, das Schweifen des Blicks über ganze Bildfelder und das Fokussieren von Details, die Intensivierung einzelner Farben in spezifischen Lichtsituationen oder die Veränderungen der Positionierung im Raum – und eröffnen heute Seherfahrungen, die in Dialog mit den Seherfahrungen vergangener Generationen treten.

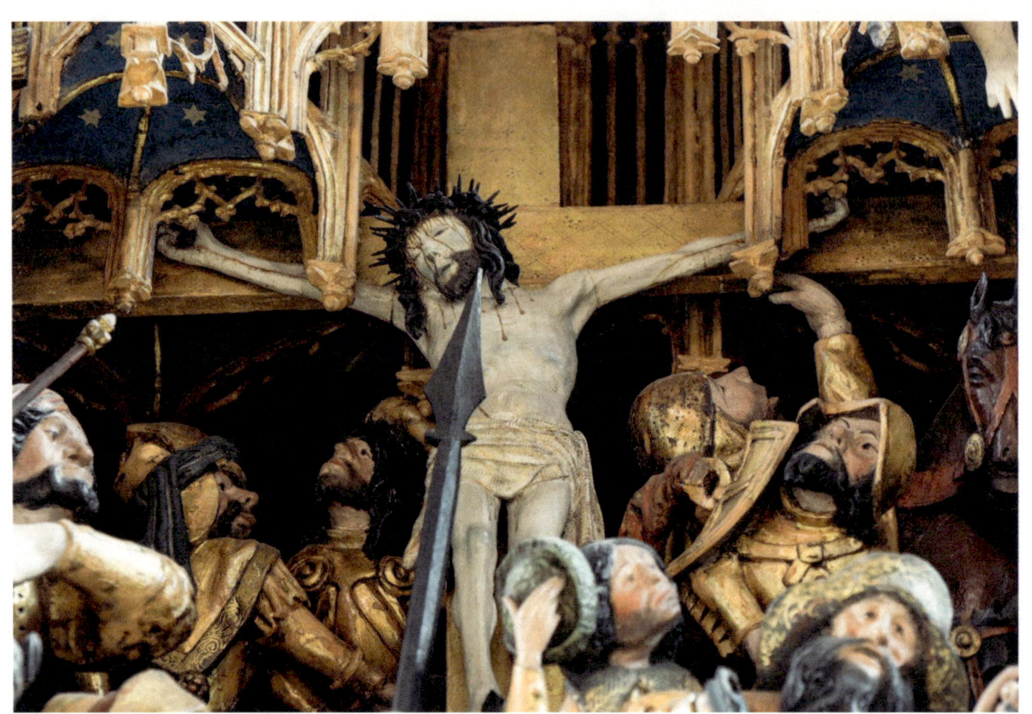

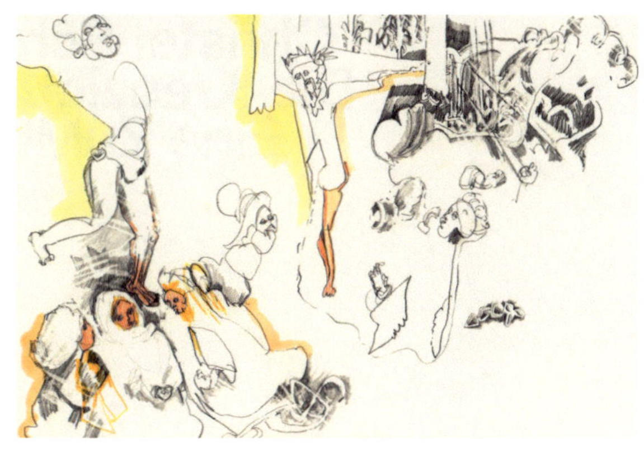

Christel Schürmann
Die Kreuzigung Jesu.
Eine ZuMUTung

90

Julius Reinders greift in seinen Zeichnungen immer wieder das Kreuz auf. Natürlich orientiert er sich dabei am Vorbild des Antwerpener Altarretabels, aber er spielt zeichnerisch eigenständig mit Perspektiven, Größendimensionen und Farben. Einige Gesichtszüge der dargestellten Menschen sind filigran ausgearbeitet, sogar koloriert; andere schemenhaft umrissen. Zufällig scheinende Leerstellen zwischen und neben den Figuren sind bewusst gesetzt. Beispielsweise hat der Zeichner – verglichen mit dem Ausschnitt aus dem „Goldenen Wunder" – bei der Kreuzabnahme das eigentliche Kreuz und weitere Passionswerkzeuge weggelassen. Sie scheinen die Konzentration auf lebendige menschliche Begegnung zu stören oder davon abzulenken.

Die Goldseite des Antwerpener Altarretabels in der Ev. Stadtkirche St. Petri setzt das anstößige Herzstück christlicher Theologie in Szene: die Kreuzigung Jesu mit all ihrer Brutalität, mit ihren menschlichen Rührungen, den unterschiedlichen individuellen und gesellschaftlichen Narrativen und Haltungen, die Beteiligte und unbeteiligte Personen in dieser Erzählung und in der Verarbeitung des Kreuzigungsgeschehens einnehmen. Nüchtern berichtet geht es bei der Kreuzigung Jesu um einen Justizmord, vollstreckt ca. im Jahr 30 nach Christus von einem totalitären Besatzungsregime. Täter und Opfer scheinen schnell fest zu stehen. Aber schon, wenn es um die Tat geht, also das Verbrechen, dessen Jesus angeklagt wird, sind biblische und außerbiblische Quellen uneindeutig. Theologie und Menschheitsgeschichte erzählen die Geschichte von der Kreuzigung Jesu immer wieder neu; mit immer anderen Perspektiven und Deutungen. Eine neutrale Darstellung der Kreuzi-

gung Jesu ist nicht möglich. Jede* Künstler*In/
jede Rezipient*In muss sich mit der Frage aus-
einandersetzen: Welche Haltung möchte ich einnehmen? Welche Bedeutung wird dem gekreuzigten Menschen namens Jesus zugemessen?

Dieser Facettenreichtum lässt sich anhand
folgender Aspekte darstellen:
Jesus war der Repräsentant einer neuen religiö-
sen oder sozialen Bewegung. War er erfolgreich
oder ist er gescheitert?
Jesus ist der Messias (hebräisch: Gesalbter)
beziehungsweise Christus (griechische Übersetzung für Messias). Die Bezeichnung „Gesalbter"
spielt auf die Einsetzung eines Königs im Alten
Israel an. Geht es bei Jesus Christus um ein
politisch ausgerichtetes irdisches Königsamt
oder um himmlische Königswürde?
Jesus ist der Mit-Leidende. Ein am Kreuz leidend dargestellter Jesus mit Wundmalen unter-
streicht Solidarität mit den Leidenden in dieser
Welt. Ganz anders sind die Darstellungen eines
unverwundbaren, heilen Körpers mit gen Himmel gerichteten, verklärtem Blick. Sie lassen
Transzendenzerfahrungen aufleuchten, die Leid
überwinden.
Jesus: Gott und Mensch in einer Person.
Kann Gott gekreuzigt werden?
Theologie und Kirche betonen je nach Kontext
und Zeitgeschichte jeweils unterschiedliche
christologische Entwürfe. Teilweise entstanden
daraus Schismen, die zu den unterschiedlichen
Konfessionen (römisch-katholisch, orthodox,
evangelisch) und Denominationen (Baptisten,
Methodisten, Pfingstkirchen etc.) geführt haben. Kreuzigungsdarstellungen – so auch das
Altarretabel in St. Petri – nehmen solche jewei-
ligen theologischen beziehungsweise frömmig-
keitsgeschichtlichen Strömungen auf; sie sind

Auftragsarbeiten mit einer seitens der Auftraggebenden formulierten inhaltlichen Zielrichtung.

Das Dortmunder Altarretabel war eine Auftragsarbeit der Dortmunder Franziskaner in einer Zeit aufkeimenden Protestes gegen kirchliche und auch gegen monastische (klösterliche) Strukturen. Das Gesamtprogramm des „Goldenen Wunders" mag als Bekräftigung katholischer Messtradition zu lesen sein; die zentrale Positionierung der Gregorsmesse ist ein Indiz dafür. Die Betonung der Passion und die damit verbundene Frömmigkeit sind jedoch im 16. Jahrhundert kaum ein Stein des Anstoßes. Um nicht nur die künstlerische, handwerkliche Leistung wert zu schätzen, sondern die innere Bedeutung des „Goldenen Wunders" zu erahnen, braucht es den Blick in die Frömmigkeitsgeschichte der Franziskaner und des 16. Jahrhunderts insgesamt. Die Überschrift „Passionsfrömmigkeit" meint ein tiefes Empfinden für Leid und Leiden. Für Menschen des 21. Jahrhundert ist es manchmal schwer nachzuvollziehen, dass die Pietà und Schmerzensmänner nicht das Leid an sich verherrlichen – auch wenn das bei Franz von Assisi in dem Hineinversenken in die Wundmale Christi so erscheint. Die Darstellung von Leid meint vielmehr Gottesbegegnung in ihrer innigsten Dimension: Gott kommt den Menschen nirgends so nah wie am allertiefsten Punkt menschlicher Existenz, nämlich in Leid und Tod. Diese Frömmigkeit ist kaum mit Worten beschreibbar; nur erfahrbar. Gläubige Betrachter*Innen des Passionsaltars erkennen im leidend dargestellten Gekreuzigten die Menschlichkeit Gottes. Modern gesprochen ist das Kreuz Zeichen für das Zulassen menschliche Schwäche. Kreuzigungsdarstellungen haben seelsorgliche Funktion. Unterstrichen wird das im Antwerpener

Altarretabel auch durch den krassen Widerspruch zwischen der Nacktheit der Gekreuzigten und den ansonsten so prachtvoll gestalteten Kostümen der übrigen Menschen. Diese Diskrepanz entspricht menschlicher Erfahrung von Macht und Ohnmacht. Selbst das Folterinstrument Kreuz ist – mit Ausnahme der Kreuzannagelung – poliert und leuchtet von weitem; ein bewusster Widerspruch, der seinen tiefen Sinn in der Widersprüchlichkeit menschlichen Lebens und Sterbens hat. Diese Vergoldung eines Folterwerkzeuges war und ist anstößig und will es bleiben: Zumutung und Mut zur Schwäche.

Mahalia Matheja
Der Weg vom Dortmunder U zur Petrikirche

96

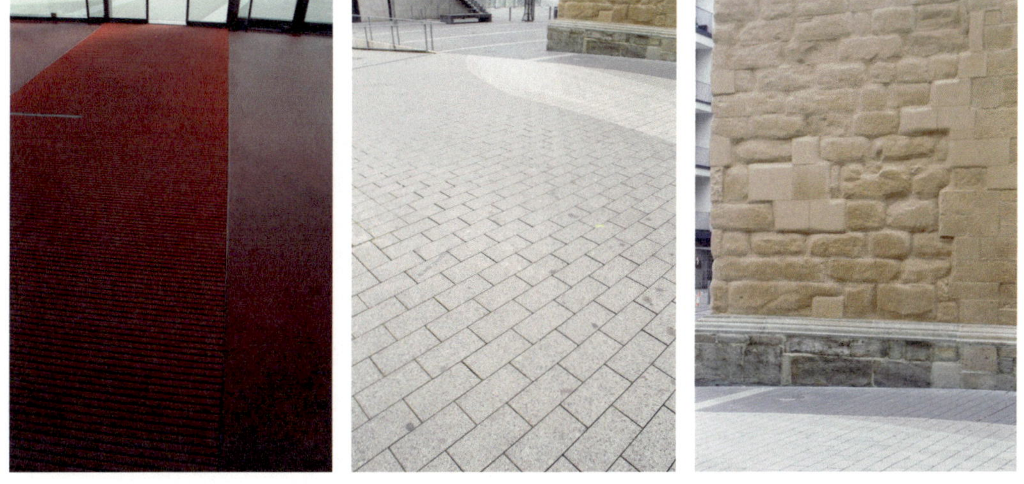

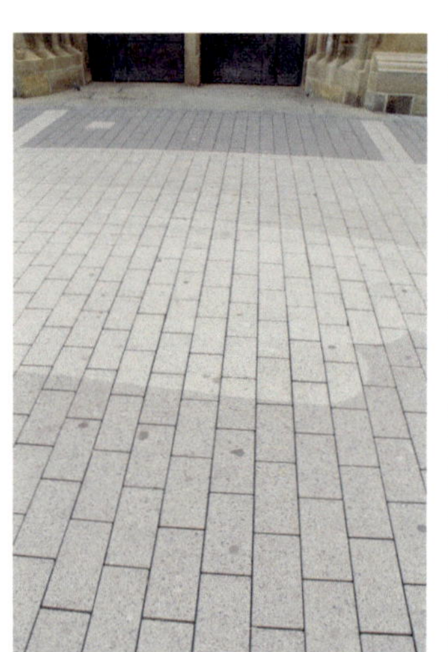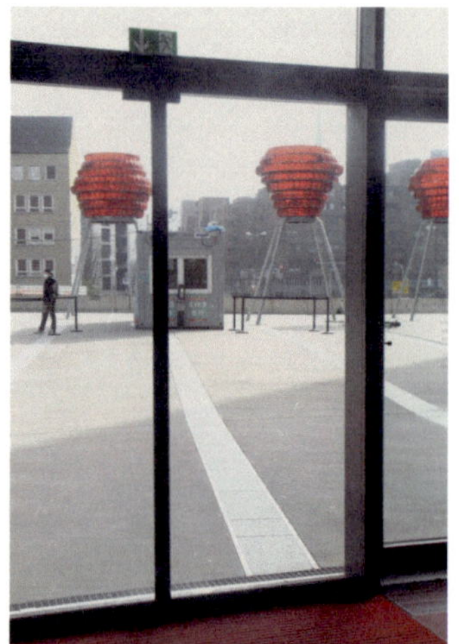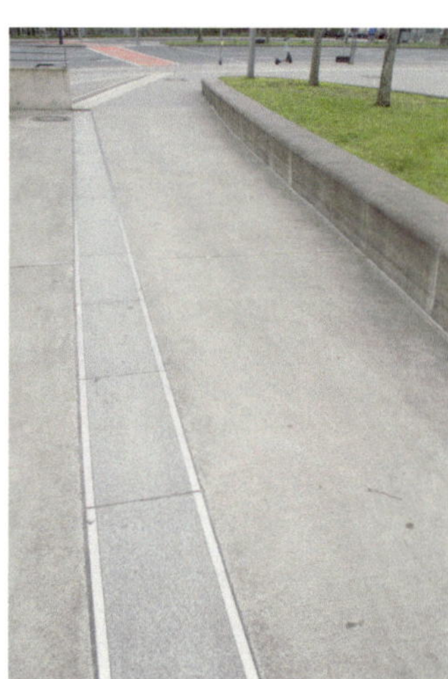

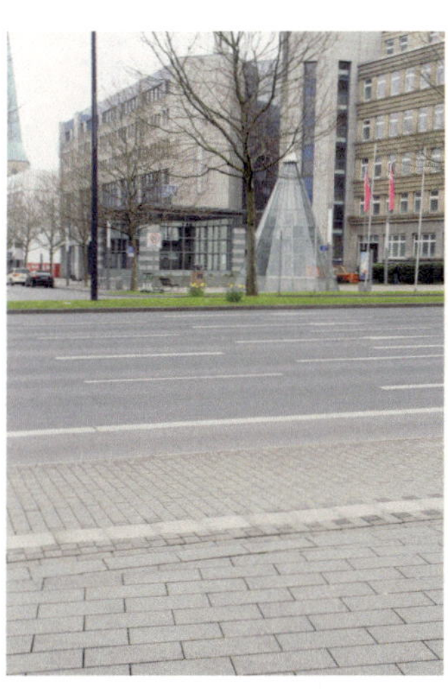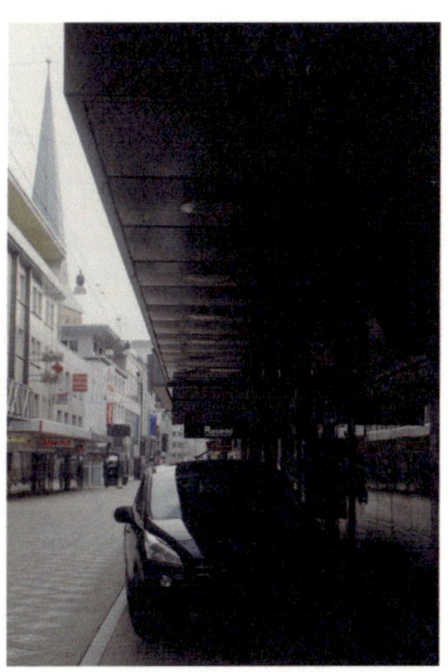

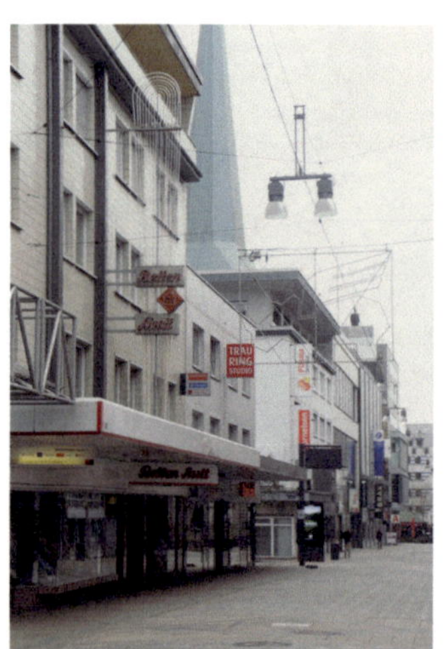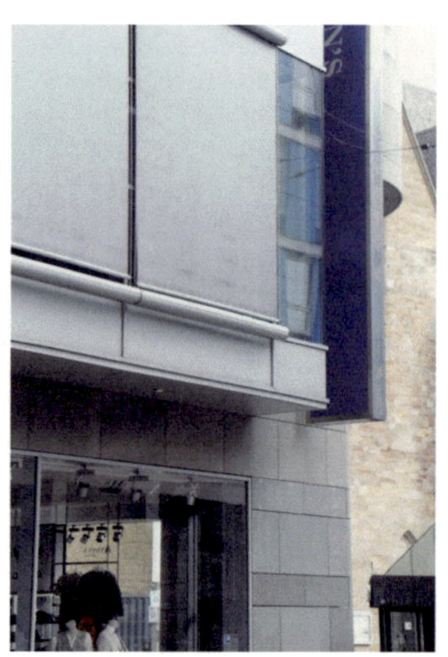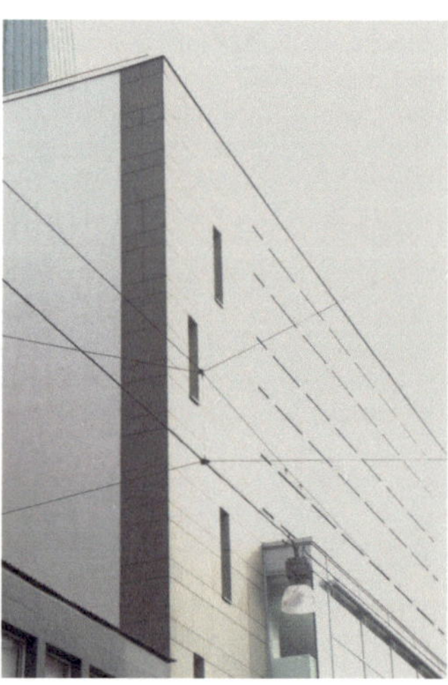

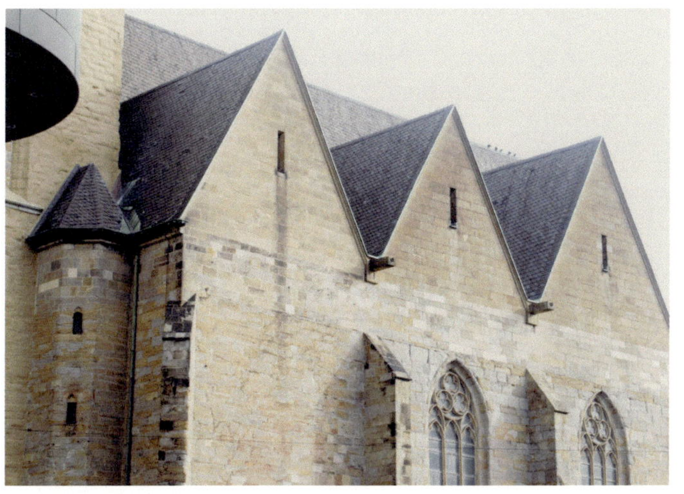

Niklas Gliesmann und Barbara Welzel
Aussichtspunkte und Erinnerungsorte: Die Stadtkirche St. Petri und das Dortmunder U

Die Stadtkirche St. Petri in Dortmund und das Dortmunder U: Beide sind Landmarken im Westen der heutigen Innenstadt. Sie sind Aussichtspunkte für die Stadterkundung, das Dortmunder U auch ganz wörtlich mit der Dachterrasse, von der aus der Blick weit über die Stadt schweifen kann. Beide sind Drehscheiben für „Dortmunder Passagen" als Ausgangspunkte für Stadterkundungen und Orte, die Perspektiven auf die Stadt, ihre Geschichte, Gegenwart und Zukunft eröffnen. Von zahlreichen Punkten des ausgedehnten Stadtgebiets ist das Dortmunder U, der hohe Turm des ehemaligen Gär- und Lagerhauses der Union-Brauerei, zu sehen und bildet eine Orientierungsmarke in der Stadt. Weithin ist auch der hohe Turm der Stadtkirche St. Petri sichtbar; je nach Licht, besonders am Abend, strahlt die Kugel oben auf der Spitze des Turmhelms golden: auf ganz andere Weise ein Lichtakzent im Himmel über der Stadt als die „Fliegenden Bilder" in der Dachkrone des Dortmunder U. Diese Lichtbildinstallation des Künstlers Adolf Winkelmann übersetzt die Lichtinstallation der Entstehungsjahre des Brauereihochhauses (1926/1927), in der mit elektrischen Lichtstrahlern die Großstadtwerdung Dortmunds gleichermaßen gefeiert wie vorangetrieben wurde, in eine Kunstform des beginnenden 21. Jahrhunderts: Rückbezug und Neuformation mit den Mitteln der Kunst.

Das Brauereihochhaus, unmittelbar außerhalb des Walls und der alten Stadt Dortmund errichtet, ist das früheste erhaltene Hochhaus in Dortmund. Als „Wolkenkratzer" – das englische Wort „skyscraper" macht das In-den-Himmel-Ragen noch anschaulicher – greift es in jenen urbanen Raum hinein, der bis dahin den Kirchtürmen vorbehalten war. Auch wenn das noch einmal höher

ragende goldene „U" erst 1968 auf dem Turm errichtet wurde, kann doch die Veränderung städtischer Maßstäbe kaum überschätzt werden. Im späten 20. Jahrhundert fiel das Brauereigebäude aus dem Gebrauch, das Bauwerk wurde als Zeugnis des Industriezeitalters und der Neuerungen im Städtebau des frühen 20. Jahrhunderts unter Denkmalschutz gestellt, um schließlich architektonisch transformiert einer neuen Nutzung zugeführt zu werden.
Seit dem Jahr der Europäischen Kulturhauptstadt Ruhr.2010 ist das Dortmunder U ein Zentrum für Kunst und Kreativität. Neben einem Museum für die Kunst des 20. und 21. Jahrhunderts, einem Medienkunstverein und einer Institution für Kulturelle Bildung, einem Kino sowie einem Labor für digitale Bildwelten der Fachhochschule Dortmund hat hier der Campus Stadt der Technischen Universität Dortmund eröffnet: eine Ausstellungsfläche für Wissenschaftskommunikation und Kunst. Die ursprüngliche Funktion des Gebäudes ist in seiner heutigen architektonischen Aktivierung und im Alltag der Nutzung gänzlich überschrieben und allein im Spurenlesen in der Architektur und in der historischen Erinnerung fassbar.

Die Stadtkirche St. Petri hingegen steht in einer Nutzungskontinuität seit dem 14. Jahrhundert. Offenbar – so lässt es sich aus historischen Quellen erschließen – war die Gemeinde der Reinoldikirche zu groß geworden und sollte geteilt werden; genehmigt wurde eine neue Kirche zwischen der Reinoldikirche und dem Westentor, an das heute der Name der U-Bahnstation am Rand der Innenstadt gegenüber dem Dortmunder U erinnert. Im Jahr 1322 – vor nunmehr 700 Jahren – wurde mit dem Bau der Kirche begonnen; die Chorweihe – und damit wohl der

Beginn der Gottesdienstfeiern – erfolgte im Jahr 1353. Finanziert wurde der Bau durch Stiftungen aus der Dortmunder Bürgerschaft. Im Laufe der seither vergangenen Jahrhunderte sind bauliche Veränderungen vorgenommen worden. Im Jahr 1752 stürzte der Turm ein, wobei auch das alte Altarwerk der Kirche zerstört wurde, was ein wichtiger Anlass war, 1809 das an seinem angestammten Ort ausrangierte „Goldene Wunder" zu erwerben. Im 16. Jahrhundert war die Kirche evangelisch geworden und trat – wie nahezu allerorts lutherische Gemeinden – bewusst das Erbe der katholischen Kirchbauten an, die für den neuen Gottesdienst respektvoll „redigiert" wurden.
Im Frühjahr des Jahres 1943 – nur wenige Tage vor dem Luftangriff am 23./24. Mai – hatte ein mit Umsicht handelndes Presbyterium zusammen mit Denkmalpflegern und fachkundigen Handwerkern das seit 1809 in der Petrikirche bewahrte Antwerpener Retabel eilig zur Auslagerung vorbereitet. Das Altarwerk wurde zerlegt und mit anderen Kunstwerken aus Dortmunder Kirchen in die Domäne Möllenbeck an der Weser überführt, wo die Werke den Krieg weitgehend unbeschadet überstanden. Gleiches war von der Petrikirche nicht zu sagen. Zum Ende des Zweiten Weltkrieges lag die Dortmunder Innenstadt zu geschätzten 95% in Trümmern. Auch die alte Pfarrkirche hatte die Bombardierung aus der Luft schwer getroffen.

Innerhalb des Walls wurden allein vier Bauten, die in die Vormoderne – mithin in die vorindustrielle Vergangenheit der bedeutenden Hansestadt – zurückreichen, wiederaufgebaut: die vier Innenstadtkirchen. Sie schultern nun die gesamte Überlieferung der Jahrhunderte vor der Industrialisierung an authentischen Orten. Hinzukommen – deutlich durch die Folgen des Krieges dezimierte – Bestände des Stadtarchivs und des Museums für Kunst und Kulturgeschichte. Auch das Dortmunder U war im Zweiten Weltkrieg beschädigt worden, doch konnte es wieder instandgesetzt und in Betrieb genommen werden. Während die Steinwache als Gedenkstätte an die Opfer nationalsozialistischer Verfolgung erinnert, sind es die Kirchen, die als eine ihrer Funktionen in der Innenstadt das Gedächtnis an die Versehrungen durch den von der Deutschen Wehrmacht als Angriffskrieg begonnenen Zweiten Weltkrieg übernommen haben. Zugleich verkörpern gerade sie im Wortsinn den Wiederaufbau und den ungeheuren Willen, den mentalen, kulturellen, sozialen und materiellen Zerstörungen des Dritten Reiches einschließlich des Zweiten Weltkriegs eine neue Stadt abzutrotzen, die gleichwohl eine Geschichte und ein Gedächtnis hat. Eine Stadt, in der in Frieden gelebt werden kann und in der immer von Neuem Menschen, die aus Kriegsgebieten nach Dortmund kommen, einen Zufluchtsort und eine neue Heimat finden können. In Dortmund ist es die Stadtkirche St. Petri, die auch den Abschluss des Wiederaufbaus nach dem Zweiten Weltkrieg verkörpert. Am 17. November 1981, mehr als 36 Jahre nach Kriegsende, wurde der erneuerte Turmhelm auf den Turm der Petrikirche aufgesetzt.

Seit 500 Jahren (der Liefervertrag datiert aus dem Jahr 1521) befindet sich das „Goldene Wunder", das große und prächtige Altarwerk – nur unterbrochen von einer Restaurierung und der Auslagerung im Zweiten Weltkrieg – in Dortmund. Dieses Jubiläum, das in den Corona-Lockdowns kaum öffentlich und gemeinsam gefeiert werden konnte, war der Grund, die letzte Ausstellung des Jahres 2021 auf dem Campus

Stadt diesem in der kunstwissenschaftlichen Forschung und Lehre der Technischen Universität fest verankerten Altarretabel zu widmen und dabei die künstlerische Auseinandersetzung mit diesem vielfältigen Werk in den Mittelpunkt der Ausstellung zu stellen. Vom 9.12.2021 bis zum 23.1.2022 waren die Zeichnungen zum „Goldenen Wunder" sowie weitere Arbeiten von Julius Reinders zu sehen. Sie ließen sich als Kunstausstellung eigenen Rechts rezipieren und eröffneten zugleich einen spannenden Blickaustausch zwischen zwei Aussichtspunkten und Erinnerungsorten der Stadt Dortmund. Die vorliegende Publikation überführt diese Präsentation in das Medium des Buches und möchte ihrerseits anstiften zu Orts- und Seherfahrungen.

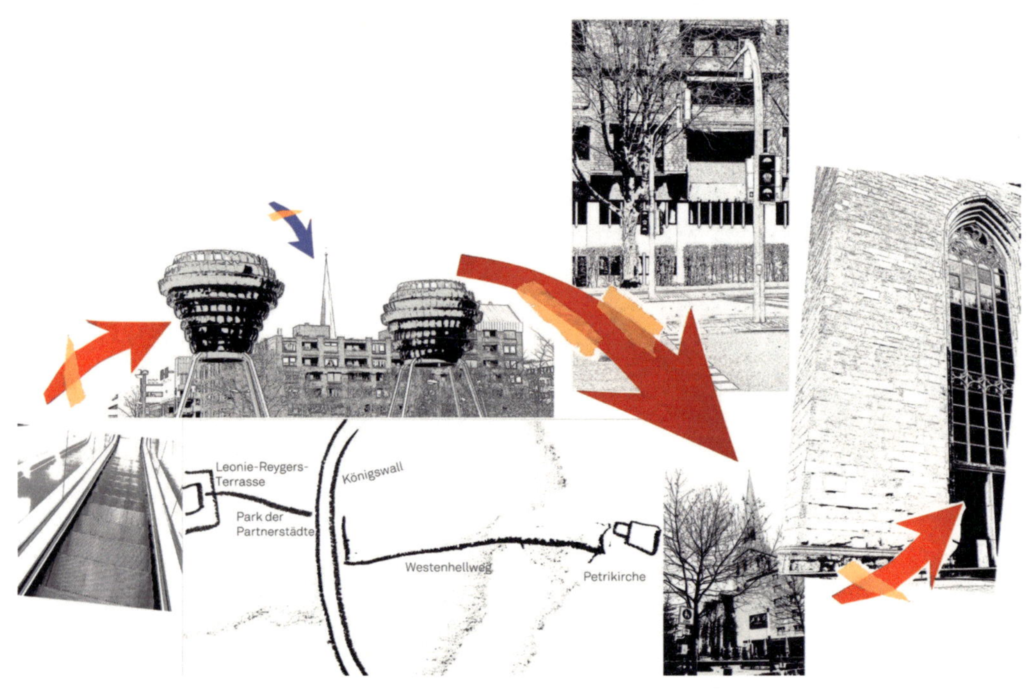

Vom Dortmunder U nach St. Petri
7 Minuten zu Fuß, 550 m

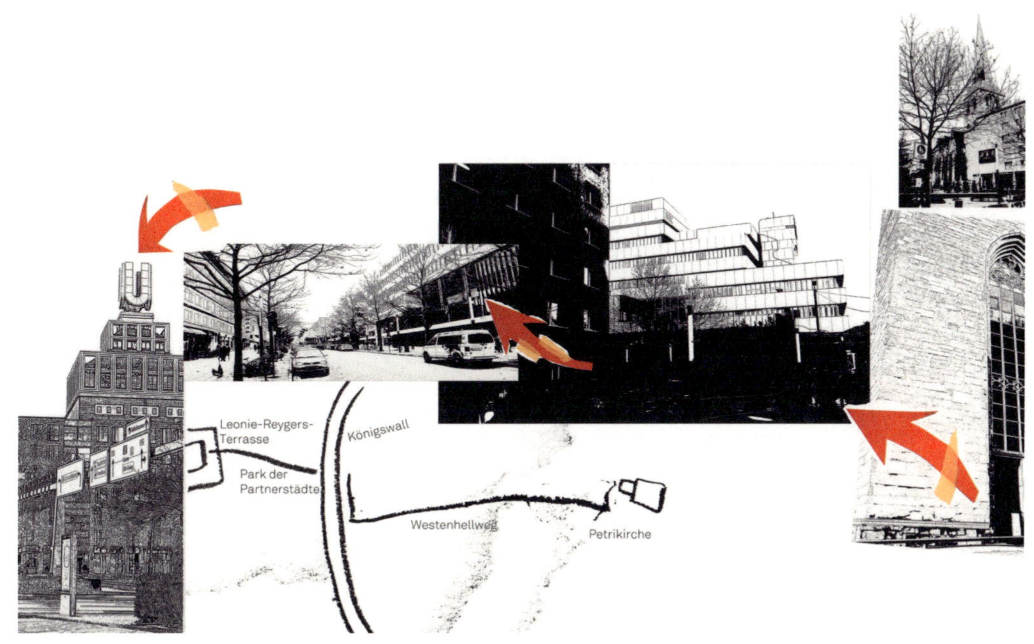

Von St. Petri zum Dortmunder U
7 Minuten zu Fuß, 550 m

Michael Küstermann und Barbara Welzel
Stadt – Kirche – Kunst – Wissenschaft

110

Stadt – Kirche – Kunst – Wissenschaft: Mit diesen vier Wörtern wird ein komplexes, mehrdimensionales Miteinander kartiert. Wie verhalten sich Stadt und Kirche zueinander? Wie Kirche und Kunst oder Wissenschaft und Stadt? Und so weiter. Welche Perspektiven werden aus der Stadt auf Kirche, Kunst und Wissenschaft eingenommen? Wie geht der Blick von den Kirchen in die Stadt? Was bringt Wissenschaft in den Dialog zwischen Stadt und Kirche ein? Oder zum Verständnis von Kunst? Kirchen sind immer wieder herausragende Kunstorte. Sie sind spirituelle Orte in der Stadt. In der nach den Zerstörungen des Zweiten Weltkriegs wiederaufgebauten Stadt Dortmund sind die vier Innenstadtkirchen die einzigen Bauten aus der vormodernen Geschichte der Stadt. Sie verkörpern andere, größere Zeitdimensionen. Welche Aussichtsplattform bieten die ererbten Kirchen auf die Stadt? Und in diesem Band: Welcher Blick eröffnet sich vom Campus Stadt der Technischen Universität Dortmund im Dortmunder U auf die Petrikirche? Welche neuen Sichtweisen erschließen heutige künstlerische Auseinandersetzungen mit dem kulturellen Erbe in der Stadt? Was tragen Forschungen bei? Was theologische Reflexionen? In der Schriftenreihe „Stadt – Kirche – Kunst – Wissenschaft", bringen das Seminar für Kunst und Kunstwissenschaft der Technischen Universität Dortmund und die Stiftung Denkmalswerte Kirchen der Ev. Kirche in Dortmund und Lünen gemeinsam mit wechselnden Partner:innen in loser Folge Publikationen heraus, die in jeweils unterschiedlicher Weise alle vier Perspektiven ins Spiel bringen. Wir danken unseren Mitstreiter:innen und laden ein, sich mit uns auf ein solches Miteinander einzulassen.

Literaturauswahl – auch zum Weiterlesen

Candan Bayram/Klaus-Peter Busse/Barbara Welzel im Auftrag der Technischen Universität Dortmund (Hg.): TU Dortmund im U. Mit einem Foto-Essay von Felix Dobbert. Oberhausen 2015

Klaus-Peter Busse/Barbara Welzel u.a.: Stadtspäher im Dortmunder U. Baukultur in Schule und Universität. Hg. von der Wüstenrot Stiftung. Ludwigsburg 2014

Felix Dobbert/Niklas Gliesmann/Barbara Welzel (Hg.): „Ein Haus in der Straßenlandschaft": Das Dortmunder U. Ein Foto-Essay von Lukas Höhler. (Schriftenreihe des Baukunstarchivs NRW und zugleich: Dortmunder Schriften zur Kunst/Kataloge und Essays 49) Dortmund 2020

Felix Dobbert (Hg.): Stadtansichten. Im Fokus: Dortmund und Gießen (Dortmunder Schriften zur Kunst/Kataloge und Essays 54). Dortmund 2021

Karl-Peter Ellerbrock: Das „Dortmunder U". Vom industriellen Zweckbau zu einem Wahrzeichen der westfälischen Industriekultur. Münster 2010

Birgit Franke/Barbara Welzel: Dortmund entdecken. Schätze und Geschichten aus dem Mittelalter. (Dortmunder Mittelalter-Forschungen 11) Bielefeld 2008, 6. Auflage 2020

Sabine Funk/Sarah Hübscher/Elvira Neuendank (Hg.): on the move – Stadt in Bewegung. Bielefeld 2021

Niklas Gliesmann/Esther Meier/Barbara Welzel (Hg.): St. Viktor in Schwerte und seine Kunstwerke. (ars ecclesia: Kunst vor Ort 6) Ilmtal 2019

Niklas Gliesmann: UmBAUkultur. Die Transformation des Dortmunder U. In: Kultur@Stadt_Bauten_Ruhr. „Und so etwas steht in Gelsenkirchen..."

Hg. von Hans-Jürgen Lechtreck/Wolfgang Sonne/Barbara Welzel. (Schriftenreihe des Baukunstarchivs NRW) Dortmund 2020, S. 280–293

Bettina van Haaren: Zeichnen an fremden Orten. In: GartenSPÄHER in Schwetzingen. Hg. von Christopher Kreutchen/Barbara Welzel. Oberhausen 2020, S. 91

Sarah Hübscher/Elvira Neuendank (Hg.): missing links – Lehr- und Leerstellen der Gegenwartsgesellschaft. Oberhausen 2020

Falk Jaeger (Hg.): Dortmunder U. Die Architektur. Bönen 2010

Wolfgang Kemp: Einen wahrhaft bildenden Zeichenunterricht überall einzuführen: Zeichnen und Zeichenunterricht der Laien 1500–1870. Ein Handbuch. (Beiträge zur Sozialgeschichte der ästhetischen Erziehung 2) Frankfurt am Main 1979

Fritz Laupichler: Das Bildarchiv Foto Marburg. Von der „Photographischen Gesellschaft" zum Deutschen Dokumentationszentrum für Kunstgeschichte. Ein historisch-chronologischer Abriss 1913–2013. Marburg 2015

Hans-Jürgen Lechtreck/Wolfgang Sonne/Barbara Welzel (Hg.): Kultur@Stadt_Bauten_Ruhr. „Und so etwas steht in Gelsenkirchen..." (Schriftenreihe des Baukunstarchivs NRW) Dortmund 2020

Hans-Jürgen Lechtreck/Wolfgang Sonne/Barbara Welzel (Hg.): Religion@Stadt_Bauten_Ruhr. (Schriftenreihe des Baukunstarchivs NRW) Dortmund 2021

Hans-Jürgen Lechtreck/Wolfgang Sonne/Barbara Welzel (Hg.): Bildung@Stadt_Bauten_Ruhr. (Schriftenreihe des Baukunstarchivs NRW) Dortmund 2022

Thomas Lentes: Soweit das Auge reicht. Frömmigkeit und Visualität vom Frühmittelalter bis zur Reformation. Hg. von David Ganz/Esther Meier/Susanne Wegmann. Berlin 2022

Angela Matyssek: Kunstgeschichte als fotografische Praxis. Richard Hamann und Foto Marburg. (Humboldt-Schriften zur Kunst- und Bildgeschichte 7) Berlin 2009

Stefan Mühlhofer/Wolfgang Sonne/ Barbara Welzel (Hg.): Dortmunder Passagen. Ein Stadtführer. Berlin 2019

Matthias Plenkmann/Julius Reinders: Zeichenexkursion nach Schwetzingen. In: GartenSPÄHER in Schwetzingen. Hg. von Christopher Kreutchen/Barbara Welzel. Oberhausen 2020, S. 85–90

Thomas Schilp/Barbara Welzel (Hg.): Stadtführer Dortmund im Mittelalter. (Dortmunder Mittelalter-Forschungen 6) Bielefeld 2006

Wolfgang Sonne/Barbara Welzel (Hg.): St. Reinoldi in Dortmund: Forschen – Lehren – Partizipieren. Mit einem Findbuch zu den Wiederaufbauplänen von Herwarth Schulte im Archiv für Architektur und Ingenieurbaukunst NRW (A:AI) der Technischen Universität Dortmund. Oberhausen 2016

Barbara Welzel/Thomas Lentes/Heike Schlie (Hg.): Das „Goldene Wunder" in der Dortmunder Petrikirche. Bildgebrauch und Bildproduktion im Mittelalter. (Dortmunder Mittelalter-Forschungen 2) Bielefeld 2003. 2. erweiterte Auflage Bielefeld 2004

Barbara Welzel: Arbeit am Bild der Stadt – Das Fensterbild im Dortmunder U. In: Felix Dobbert/Uschi Huber/Barbara Welzel (Hg.): 45ct. Stadtansichten. Fotografische Postkarten zwischen Dortmund und Siegen. (Dortmunder Schriften zur Kunst/Kataloge und Essays 23) Dortmund 2016, S. 104–109

Barbara Welzel (Hg.): Altes Gold in neuer Pracht. Das „Goldene Wunder" in der Dortmunder St. Petri-Kirche. (Dortmunder Mittelalter-Forschungen 9) Bielefeld 2006. 2. veränderte Auflage Bielefeld 2013

Barbara Welzel: Ars ecclesia: Kunst und Wissenschaft vor Ort. In: Lüneburg: Sakraltopographie einer spätmittelalterlichen Stadt. Hg. von Peter Knüvener/ Esther Meier. (ars ecclesia: Kunst vor Ort 5) Weimar 2019, S. 9–14

Barbara Welzel: StadtSPÄHER im Lockdown. Verortung im ortlosen Semester. In: Kultur@Stadt_Bauten_Ruhr. „Und so etwas steht in Gelsenkirchen…" Hg. von Hans-Jürgen Lechtreck/Wolfgang Sonne/ Barbara Welzel. (Schriftenreihe des Baukunstarchivs NRW) Dortmund 2020, S. 358–375

Kataloge
Julius Reinders

Des Ätnas Brocken. Hg. von Bettina van Haaren. (Dortmunder Schriften zur Kunst/Kataloge und Essays 44) Dortmund 2019

Im Schatten der Zirbelnuss. Zeichnungen aus dem Jahr 2019. Hg. vom Kunst-Archiv Peter Kerschgens. Rees-Haldern 2019

Das unsichtbare Séparée. Einhundert Graphiken aus der Nicolaikirche in Kalkar und vom Niederrhein. Hg. vom Verein der Freunde Kalkars e. V. Kalkar 2020

Matthias Plenkmann/Julius Reinders: Gärten, die wieder Gärten sind. Schwetzingen 2020

Tenno und Tremonia. Zeichnungen aus Oberitalien und dem Sauerland. Hg. von Jette Flügge. Iserlohn 2021

Deutsches Dokumentationszentrum für Kunstgeschichte – Bildarchiv Foto Marburg: Bildindex der Kunst & Architektur www.bildindex.de

Impressum

Begegnungen mit dem „Goldenen Wunder"
Julius Reinders vor Ort
Herausgegeben von Niklas Gliesmann und Barbara Welzel

In der Reihe Stadt – Kirche – Kunst – Wissenschaft
Herausgegeben von Michael Küstermann und Barbara Welzel

Zeichnungen: Julius Reinders

Texte von Niklas Gliesmann, Michael Küstermann,
Christel Schürmann, Barbara Welzel

Fotostrecke, S. 95–99: Mahalia Matheja
Collage, S. 106/107: Niklas Gliesmann

Alle Fotografien des „Goldenen Wunders" in der Ev. Stadtkirche St. Petri,
Dortmund: Bildarchiv Foto Marburg, Andreas Lechtape, 2018
mit Ausnahme des Fotos, S. 88: Bernhard van Riel, www.geronnenezeit.de

Fotografien der Ausstellung 500 Jahre Goldenes Wunder – Zeichnungen
von Julius Reinders auf dem Campus Stadt der Technischen Universität
Dortmund im Dortmunder U, S. 78/79: Lukas Höhler

Gestaltung: Lea Szramek

Die Deutsche Nationalbibliothek verzeichnet diese Publikation in der
Deutschen Nationalbibliografie; detaillierte bibliografische Daten sind
im Internet über http://dnb.d-nb.de abrufbar.
The Deutsche Nationalbibliothek lists this publication in the Deutsche
Nationalbibliografie; detailed bibliographic data is available on the
Internet at http://dnb.d-nb.de.

© 2022 Künstler:innen und Autor:innen
Herstellung und Verlag: BoD – Books on Demand, Norderstedt
ISBN 978-3-7562-4633-5
Printed in Germany

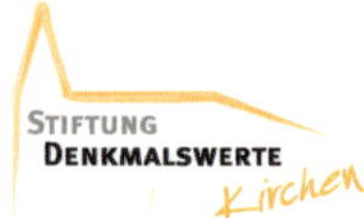
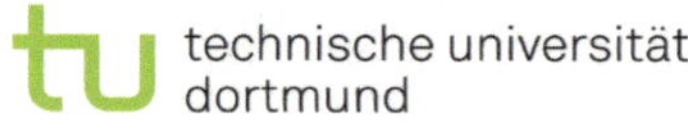

In Kooperation mit:

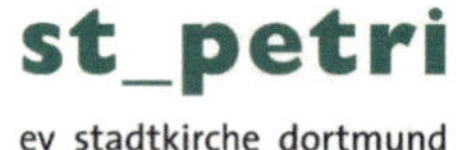
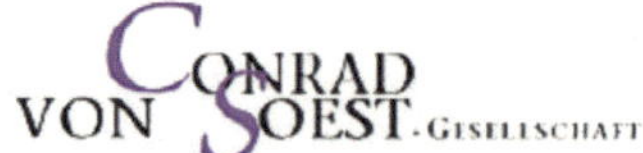
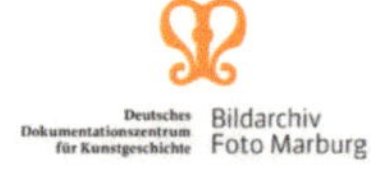